一本书读懂
大数据营销

曾杰 © 著

中国华侨出版社

图书在版编目（CIP）数据

一本书读懂大数据营销 / 曾杰著. — 北京：中国华侨出版社，2016.3
ISBN 978-7-5113-6001-4

Ⅰ. ①一… Ⅱ. ①曾… Ⅲ. ①网络营销 Ⅳ. ①F713.36

中国版本图书馆CIP数据核字(2016)第046938号

● 一本书读懂大数据营销

著　　者 / 曾　杰
选题策划 / 花　火
责任编辑 / 文　喆
责任校对 / 孙　丽
装帧设计 / 润和佳艺
经　　销 / 新华书店
开　　本 / 710毫米×1000毫米　　1/16　　印张 / 14.5　　字数 / 232千字
印　　刷 / 北京毅峰迅捷印刷有限公司
版　　次 / 2016年6月第1版　　　2016年6月第1次印刷
书　　号 / ISBN 978-7-5113-6001-4
定　　价 / 35.00元

中国华侨出版社　北京市朝阳区静安里26号通成达大厦3层　　邮　编：100028
法律顾问：陈鹰律师事务所
编辑部：（010）64443056　　传真：（010）64439708
发行部：（010）64443051
网　　址：http://www.oveaschin.com
E-mail：oveaschin@sina.com

前　言
PREFACE

最近，我的一个朋友对有些事情很纳闷，于是特地来找我。

他说："我前几天在百度、天猫、京东上搜索了电动车锂电池的信息，结果，我这几天上网时，浏览器上老是出现电动车锂电池的广告。说也奇怪，我以前很讨厌广告，可是现在看到这些自己要搜的产品的广告信息，不仅不讨厌，反而觉得很有吸引力，让我忍不住每次上网看到这些广告，都想点击进去看看。真奇怪，现在的互联网好像能看懂我的心思！"

这还没完，他接着又拿出手机说："我这个手机上安装着的一些APP软件，仿佛也变得越来越懂我的心意。这不，我前几天在公交车里看到赶集网做的广告，就忍不住下载了赶集网的APP。由于最近工作调动，我在这个手机APP里通过设置一些条件，来查找和搜索租房信息。结果，我这几天总是能够看到赶集网APP通过手机推送给我的信息，这些信息的内容大多是关于租房方面的。考虑到这些信息对我有用，我也就打开看了，后来还真租到了合适的房子！"

他说完后，纳闷地说："真不知道现在的广告是怎么做的，感觉越来越懂咱们消费者的心意了。当然，也有些广告做得还不够好，比如我在一个电商网站上搜索了一种商品后，这个电商网站就开始给我推送相关信息，即便我在其他电商网站上买了这个产品后，那个电商网站还是给我推送原来的信息。要是互联网越来越智能化，在我需要什么时，就给我推送什么，我不需要的，就不给我推送，那该多好啊！"

听这个朋友说完后，我立即想到了一种新的营销模式。在这个营销模式里，商家可以依赖某个大的数据营销平台，这些平台根据从用户那里收集的数据，包括用户在上网时搜索过的商品、关键词等，从而掌握用户的需求信息，进而实现对用户的精准营销。这种营销模式，用时下最为热门的一个词语来描述，那就是"大数据营销"。

"大数据"不过是近几年才出现的一个词语。在"大数据"出现以前，关于数据方面的，我们更多听说的是"数据库"；关于数据在营销中的运用，往往比较前沿的是"数据库营销"。顾名思义，数据库仿如一个数据的仓库，企业可以把营销需要的信息存入数据库，在营销中，可以根据数据库中的数据，以及这些数据之间的联系，来开展营销。数据库营销使得每个企业几乎都有了自己大大小小、形式各异的数据库，这些数据库储存着企业赖以生产、经营的数据。

然而，传统的数据库营销，通常是基于某个企业的数据库展开营销，对客户行为信息的掌握，通常也是有限的。比如，企业通常会储存客户的信息数据，但是，客户作为一个完整意义上的人，存在多个维度，我们如何通过多个维度的借鉴，从而更为精准地锁定目标客户，以及客户需求商品时的最佳商机，从而达到营销"一击必胜"？在这方面，客户在天猫、京东、亚马逊等电商网站上的搜索与购买行为，还有客户在微信、微博、QQ上的社交数据，是否也有助于我们完整地认识一个客户，精准地判断其消费时机？答案是肯定的。

在这种情况下，过去单一的数据库在互联网技术的飞速发展下，也面临着演进与发展。尤其是近几年互联网底层网络传输技术的迅速发展，还有4G时代的到来，互联网中网络传输的速度问题得以极大改善。于是，"云"技术出现和发展，这又为更多领域、更大范围数据平台的整合提供了基础。

终于，作为互联网发展到一个新的高度的重要标志，大数据出现了。我们知道，每一种新生事物的生命力的强弱，在于其是否有广阔的应用空间。于是，在营销领域，我们看到了更为精准化、智能化的大数据营销。

的确，从大数据营销产生以来，我们的营销模式发生了一系列变化。比如，我们可以更加精准地判断顾客需求，从科学性和实际可操作性方面，切实地达到了精准营销的目的。此外，个性化营销也在大数据技术的有力推动下，在操作水准上也有了大幅的提高等。

同时，我们也要认识到，大数据营销刚刚兴起，或许还有些方面做得不够完美，比如像我上面那个朋友所遇到的，可能会觉得"大数据营销"在精准化方面还有待进一步提升。但总的来说，大数据在营销运用中的强大力量，已经深深地影响了我们的营销实践。在每次营销变革的时候，先知先觉、积极迎头赶上者，自然可以占领先机，更能提前品尝到大数据营销给企业带来的硕果。

鉴于大数据营销的兴起，不过是近几年的事情，大数据营销的运用，也是在不断尝试与摸索中。正是这样，在大数据营销面前，很多企业几乎是平等的，因为大数据进一步传承和发展了互联网开放的理念和精神，企业的规模大小并不能决定自己在行业中的未来，在大数据时代，具备大数据思维，能够做到高效整合数据资源的企业，才能在市场浪潮中赢得更多的机会。所以，对于很多企业来说，掌握大数据营销技能，就变得非常迫切和有必要。

同时，大数据营销由于产生时间还不长，所以，当前市场上关于这方面的书籍也较少。为了进一步推进大数据营销的发展，为企业和个人发展提供更先进的思路、办法和工具，我们对大数据以及大数据营销进行了长期的研究与实践，并特编撰了此书。

在本书中，我们从大数据和大数据营销的概念入手，然后分析大数据给营销工作带来的益处，并系统阐述如何进行大数据营销，最后分析了大数据营销发展的未来趋势。为了便于读者更好地理解和阅读，我们在每个章节里都精选了插图，力争做到图文并茂，同时做到既有理论阐述，又有实际案例，从而使读者在阅读时能够一看就懂、一学就会、一用就灵。

最后，由于作者水平有限，书中不当之处在所难免，还望读者积极指正！谢谢！

目录
CONTENTS

第一章　揭开大数据营销的面纱　001

先从大数据说起　002

掀开大数据营销的红盖头　007

传统营销亟须变革　012

如何在每次革新中脱颖而出　016

加入大数据营销俱乐部　020

第二章　大数据与精准营销　025

立足淘宝大数据的精准化营销　026

牛肉干和鱿鱼丝引发的讨论　030

顾客看了伊妹尔就想买　035

《纸牌屋》票房走红的背后　039

趣多多教你玩转愚人节　043

第三章	大数据发掘客户需求	047
	发掘客户需求就是淘金	048
	传统行业抢滩大数据	053
	沃尔玛的"啤酒+尿布"	057
	"互联网+大数据"思维	062
	电商玩的就是大数据	067

第四章	广告智能化的幕后推手	071
	解读新浪微博"橱窗"	072
	广告推送智能化	075
	爱奇艺的视频广告	079
	大数据让你知道你是谁	083
	大数据下的隐私保护	087

第五章	大数据与O2O	091
	O2O离不开大数据	092
	可口可乐这样亲近顾客	096
	"Nike+"的大数据变革	100
	从万达广场到智慧广场	105
	电影业的O2O玩法	110

第六章　大数据与个性化营销　　115

"零库存"不再遥远　　116

亚马逊的个性化服务　　120

保险业走向定制化营销　　124

读书，看报，玩手机　　129

你进行个性化营销了吗　　133

第七章　大数据与营销策略　　137

补补营销策略　　138

大数据下的营销策略　　142

企业节假日营销　　147

运营商降低营销成本　　151

让数据说话，用数据决策　　156

第八章　移动端大数据营销　　161

移动端营销的十个趋势　　162

手机疯狂购物的思考　　168

信用卡的移动营销　　172

盘点微信的营销价值　　176

手机APP的营销新天地　　181

第九章　云端大数据营销　　　　　　　　185

　　此"云"非彼云　　　　　　　　　　186

　　大数据与云计算　　　　　　　　　　190

　　旅游业的云端营销　　　　　　　　　194

第十章　大数据营销的未来　　　　　　　199

　　不懂大数据会被"OUT"　　　　　　200

　　大数据让创业机会井喷　　　　　　　205

　　数据成为企业的核心资产　　　　　　209

　　角逐大数据营销　　　　　　　　　　214

后　记　　　　　　　　　　　　　　　　218

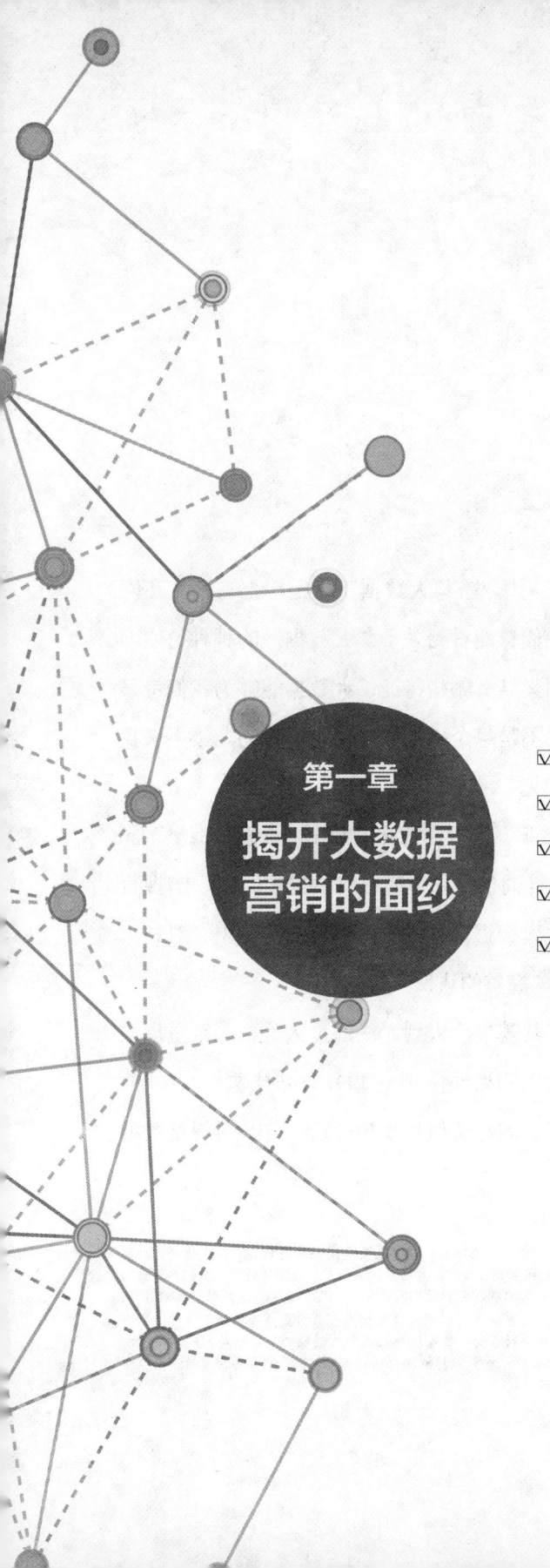

第一章
揭开大数据营销的面纱

- ☑ 先从大数据说起
- ☑ 掀开大数据营销的红盖头
- ☑ 传统营销亟须变革
- ☑ 如何在每次革新中脱颖而出
- ☑ 加入大数据营销俱乐部

先从大数据说起

如果说近几年最热的词汇有哪些,"大数据"肯定榜上有名。在网络、报纸、电视等媒体中,我们总能看到关于"大数据"的种种论述。那么,什么是大数据,大数据又具有哪些特征,大数据能够为我们带来什么?这一系列问题,恐怕并不是每个人都能领会与回答的。接下来我们就带您揭开大数据的神秘面纱。

从字面上不难理解,"大数据"之大,意味着数据"众多、海量"。我们在对多个搜索引擎[①]的百科词条(如百度百科、好搜百科、国搜百科、维基百科等)中,关于"大数据"词条所做解释的基础上,对"大数据"概念形成如下比较清晰、完整的认识。

大数据,又称巨量资料,其规模巨大到无法通过人脑,甚至主流软件工具来收集和处理,需要更新的处理模式(如Hadoop技术[②]),才能实现对海量数据的收集、管理、内在价值挖掘与分析,并从对海量数据

---

① 搜索引擎,英文名称"Search Engine",是一种软件系统,它能够根据一定的策略、运用特定的计算机程序,从互联网上搜集信息,在对信息进行组织和处理后,为用户提供检索服务,并将检索到的相关信息展示给用户。著名的搜索引擎有Google(谷歌)、Yahoo(雅虎)、Bing(必应)、百度(baidu)、好搜(haosou)等。

② Hadoop,是由著名的Apache软件基金会开发的一个能够对海量数据进行分布式处理的软件架构,它可以通过高效、可靠、可伸缩的方式对海量数据进行存储与处理。Hadoop架构最核心的设计是HDFS(Hadoop Distributed File System,即"Hadoop分布式文件系统")和MapReduce;其中,HDFS为海量数据提供了存储功能,MapReduce为海量数据提供了计算功能。

的处理中，获得更强的决策力、洞察发现力和流程优化能力。总之，大数据是一种海量、高增长率和多样化的信息资产。

可以说，大数据是人类科技发展到一定高度的产物。我们回顾大数据近几年的发展历程，可以看到，大数据在舆论层面开始备受关注的一个标志性事件，是在2011年5月，全球知名咨询公司麦肯锡（McKinsey Company）发布了一份报告《大数据：创新、竞争和生产力的下一个新领域》，这是专业机构第一次全方面地介绍和展望大数据。

这篇报告指出，大数据已经渗透到全球范围内的每一个行业和业务职能领域，成为重要的生产因素；人们对海量数据的挖掘和运用，预示着新一波生产率增长和消费者盈余浪潮的到来。报告还指出，"大数据"源于数据生产和收集的能力，以及速度的大幅度提升。这是因为，越来越多的人、设备和传感器[①]通过数字网络连接起来，产生、传送、分享和访问数据的能力也在发生着深刻的变革。

2012年3月，美国发布《大数据研究和发展倡议》，该倡议标志着大数据已经成为重要的时代特征。同时，美国政府还宣布投资2亿美元到大数据领域，将数据定义为"未来的新石油"，高度重视数据资产的价值，并表示，国家层面的竞争力将部分体现为一国拥有数据的规模、活性以及解释、运用数据的能力；国家数字主权体现为对数据的占有和控制。数字主权将是继边防、海防、空防之后，又一个体现综合国力的重要领域。

对此，我国也在国家层面对大数据投入了足够的重视。比如，早在

---

① 传感器，英文名称"sensor"是一种检测装置，能感受到被测量的信息，并能将感受到的信息，按一定规律变换为电信号或其他所需形式的信息输出，以满足信息的传输、处理、存储、显示、记录和控制等要求。我们平时生活中所接触到的自动门、公交卡等物品便嵌有传感器装置。

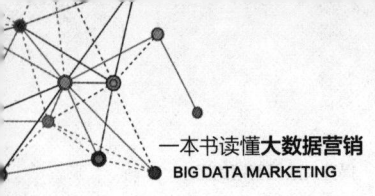

2011年12月，我国工信部把信息处理技术作为物联网①发展中的4项关键技术之一提了出来，其中就包括海量数据存储、数据挖掘、图像视频智能分析等，而这些技术已经构成大数据技术的重要组成部分；2015年9月，国务院又印发《促进大数据发展行动纲要》，明确指出，要推动大数据的发展和应用，开启"大众创业、万众创新"的新格局，培育高端智能、新兴繁荣的产业发展新生态，在国家层面系统部署了大数据发展工作。

可以想象，当大数据已经超越商业行为，上升为国家战略时，大数据已经成为我们商业生态环境和日常工作生活中所不可缺少的部分。

比如，2012年7月，为了进一步挖掘大数据的价值，阿里巴巴集团在管理层设立了"首席数据官"一职，负责全面推进"数据分享平台"战略，并推出大型的数据分享平台——"聚石塔"，为天猫、淘宝平台上的电商及电商服务商等提供大数据服务。随后，阿里巴巴董事局主席马云还在2012年度网商大会上强调："假如我们有一个数据预报台，就像为企业装上了一个GPS②和雷达，你们出海将会更有把握。"因此，阿里巴巴希望通过分享和挖掘海量数据，为中小企业提供更多信息价值；阿里巴巴也成为最早提出通过数据进行商业化运营的企业。

大数据还可以进一步深化我们对很多事物的认知，从而有助于我们做出更为明智的决策。举个日常生活中简单的例子来看，我们在抛硬币时，如果想知道硬币出现正面或反面的概率究竟有多大，假如只抛10

---

① 物联网，英文名称"Internet of things"，是物物相连的互联网，也是新一代信息技术的重要组成部分。
② GPS，是英文Global Positioning System（全球定位系统）的简称。它起始于1958年美国军方的一个项目，1964年正式投入使用，后扩展到民用领域。GPS利用定位卫星，可以在全球范围内进行实时定位、导航，现在多个领域（如车辆、智能手机等）获得广泛使用。

次，可能会出现正面9次、反面1次的情况，也可能是其他正负不均的情况，倘若我们据此去下结论，那么抛硬币时，出现正面、反面的概率可能会有很多。假如我们抛10万次、100万次，甚至更多次，那么统计出来的结果就会趋于正确，即正、反面出现的概率一定是各占50%。

此外，美国华尔街"德温特资本市场"公司首席执行官保罗·霍廷每天要做的一件事情，就是利用电脑程序分析全球3.4亿微博账户的留言，进而判断民众情绪，再以"1"到"50"进行打分。根据打分结果，霍廷会决定如何处理手中数百万美元的股票。霍廷的判断原则也很简单——如果所有人似乎都高兴，那就买入；如果大家的焦虑情绪上升，那就抛售。这一招使霍廷收效显著，在当年第一季度，霍廷的公司就获得了7%的收益率。

可见，大数据思想广泛运用在我们生活中的很多方面。大数据之大、之海量是基础，对这些数据进行分析、深入挖掘并得出某种有价值的认知来指导我们的商业行为与生活，才是大数据的灵魂所在。

关于大数据的特征，我们可以用4个"V"来描述，即：

（1）Volume，数据量大

大数据的起始计量单位至少是PB、EB或ZB[①]，数据量极为浩大。

（2）Variety，类型繁多

包括网络日志、音频、视频、图片、地理位置信息等，多类型的数据对数据处理能力也提出了更高的要求。

[①] 计算机中的数据由"0"和"1"两种状态组成，每种状态称为1位（bit）；计算机最小的基本单位是字节（Byte），1 Byte=8 bit，1KB=1024 Byte，1 MB=1024 KB，1 GB=1024 MB，1 TB=1024 GB，1 PB=1024 TB，1 EB=1024 PB，1 ZB=1024 EB。我们平常使用的PC机（个人电脑），硬盘容量在500G左右；据统计，2011年全球数据总量已达到1.8 ZB（相当于18亿个1 TB移动硬盘的存储量），这个数值还在以每两年翻一番的速度增长，预计到2020年，全球将总共拥有35 ZB的数据量。

（3）Value，价值密度低

随着物联网技术的广泛应用，信息感知无处不在，因而信息海量，但价值密度相对较低，如何迅速完成对大数据的价值提取，是大数据时代亟须解决的问题。

（4）Velocity，处理速度快，时效性高

这要求我们不仅能够收集与存储海量数据，还要对海量数据做出快速处理，这对我们在大数据时代的数据驾驭能力提出了新的挑战，也为我们获得更为深刻、全面的洞察能力提供了前所未有的空间与潜力。

到此，我们对大数据概念有了一个比较清晰的认识。接下来，在大数据广泛的运用领域中，我们来看使用大数据进行的营销，即大数据营销为何物。

第一章　揭开大数据营销的面纱

掀开大数据营销的红盖头

大数据在多个行业和领域中有着广泛的运用，比如通过对每条道路上拥堵信息的收集、整理与分析，来更好地运用于交通指挥；通过对企业生产经营中各环节数据的分析，来更好地运用于企业管理等。同样，通过对消费者的上网习惯、搜索习惯等进行分析，企业可以有效地捕捉到消费者的直接或潜在的购买需求，在这种情况下，企业便能做到营销广告投放方式、广告内容等的精确化，并在消费者上网时，企业第一时间将自己的营销信息推送到消费者所浏览的网页，或者以APP[①]信息推送的方式传达给顾客，这本身便是大数据在营销领域中的一些具体运用。

由此，我们来具体看下大数据营销是怎样定义的。我们根据对多个百科词条上关于"大数据营销"的解释，将"大数据营销"的概念归纳如下：

大数据营销是基于多平台（从硬件平台上来看，有PC平台、手机端平台等；从操作系统软件平台来看，有Windows、Mac OS、Android、IOS等）的大量数据，依托在大数据技术（如大数据技术的分析与预测能力）的基础上，应用于互联网广告行业的营销方式。大数据营销能够使

---

① APP，为Application的缩写，指的是智能手机的第三方应用程序。比较著名的应用商店有苹果的App Store，谷歌的Google Play Store，安智市场，以及微软的Marketplace等。

营销广告更加精准有效，给企业带来更高的投资回报率。

从上述对"大数据营销"的概念中可以看出，大数据营销侧重于精准营销，力争做到"将广告投放给需要这些广告的人"。当今已处于互联网时代，可以毫不夸张地说，网民中必然有我们的顾客，我们的顾客必然以不同的形式融入互联网。互联网使得人与人之间的互动更加频繁，进而所产生的一系列数据从量上来看，更加浩繁。

正如《大数据时代》[①]这本书中所倡导的一个观点"全数据模式"，互联网科技的发展已经让我们走过了"样本采集"的时代，我们现在所具备的技术与能力，使我们对全部的、海量的数据进行存储、挖掘与分析成为可能。这就在很大程度上避免了"样本采集"时代所带来的不确定性因素（比如所采集的样本是否具有代表性等），有助于为我们开辟出一条稳定可靠的、精准有效的营销路线，从而确保我们在营销中的投资回报率，让我们在互联网世界中更具主动性。基于此，我们说，大数据营销衍生于互联网行业，又作用于互联网行业。

关于营销，正如有人做过一个这样形象的比喻：如果说，搞营销就像是在做一道未知口味的超级大蛋糕，而营销手段就好比不同口味的配料，随着个人喜好的不同，配出的味道也将会不一样，但这个蛋糕终究是要拿到桌面上去品尝的，是否能够赢得"食客"（即顾客）的欢心才是最重要的。所以，在海量的人群信息中，如何有针对性地让潜在客户看见我们的营销信息、接受我们的营销服务，这便是大数据营销需要解决的一个重要课题。

---

① 《大数据时代》，作者为维克托·迈尔·舍恩伯格（Victor Mayer Schonberger）、肯尼思·库克耶（Kenneth Cukier），均为英国人。本书为大数据研究的先河之作，2013年引入国内中译本；书中认为，大数据时代最大的转变，在于放弃对因果关系的渴求，取而代之的应关注事物的相关关系，从而对人类的认知方式产生了深刻的影响。

在此,我们暂且浅析一下大数据营销在实际运用中的具体表现与意义,从而进一步增强对大数据营销的认识。

(1)大数据营销让一切营销与消费行为皆数据化

当前,我们判断某个话题或行为是否热门,一个重要的参考依据是,这个话题或行为所带动起来的上网流量为多少。通常来说,聚焦于某个话题或行为的上网流量越多,就说明这个话题或行为越引人关注。上网流量是可以测量与数据化的,我们在上网的同时,不仅上网流量的变化伴随始终,还有对某个网页的访问次数、访问时间、发帖内容等,也都是可以追踪与衡量的,进而便于我们采取有益的营销措施,从而形成一个营销闭环,即"消费—数据—营销—效果—消费"。

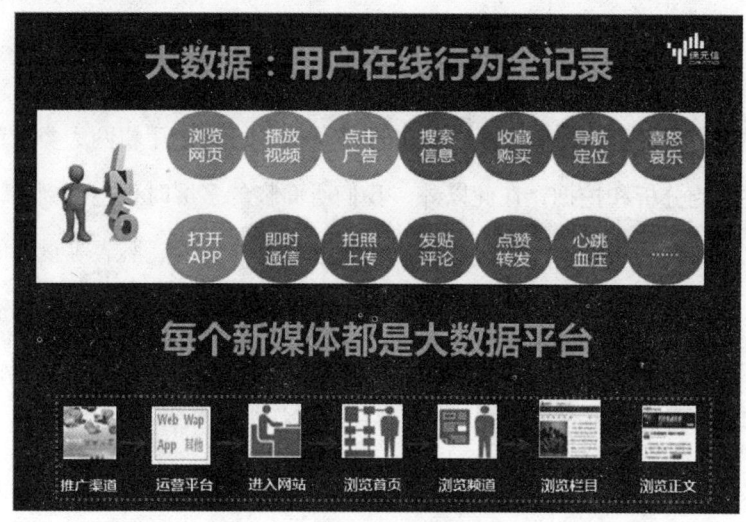

图1 大数据促进用户行为的数据化

(2)大数据营销让社交网络平台更具价值

社交网络平台通常聚集了较高的人气,这是因为,沟通与交流是人

类的一大基本需求,很多宝贵的营销信息在沟通中得以凸显。比如,微博、微信、QQ等社交网络平台之所以被人们广泛使用,便在于它们很大程度上满足了人们的社交需求。我们采用大数据技术在社交网络平台上提炼大众意见,相当于捕捉到了顾客群的产品需求,然后以此为据,去做产品、做营销,就会使我们的工作更有针对性。

(3)大数据营销让购买行为日益程序化

在传统营销中,销售人员通常要找到潜在顾客群,然后说到顾客心眼里,还要将产品介绍到位等,才能促使顾客做出购买决定。在互联网与大数据时代,我们可以利用大数据技术进行受众分析,帮助企业找出目标受众,然后对产品广告投放的内容、时间、形式等进行预判与调配,使得顾客只要看到我们的营销广告信息,就足以下定决心购买,从而完成整个营销过程,提高我们的营销效率。

(4)大数据营销让线上线下加速整合

我们当前所说的大数据,比较倾向于对PC、智能手机两大类平台线上数据的分析和挖掘,在此以外,我们所面临的多屏时代也已到来,比如,除PC、手机以外,还有Pad(平板电脑)、电视、腕表等设备的屏幕,顾客的时间和行为正在分散到各个屏幕上。对此,假如广告主能够整合线上与线下资源,多屏幕收集顾客的兴趣点,实现营销信息发布的多屏化,进而促进与巩固客户的程序化购买行为。

(5)大数据营销缔造了一种智慧的"数字生态环境"

诚然,精准营销是大数据营销的一个核心方向和价值体现,但精准营销并不完全等同于大数据营销。相比较而言,大数据营销旨在缔造一种"数字生态环境",这主要包括两个方面:一是商业智能化,包括企业人力资源、原料采购、销售市场拓展、内控成本分析等诸多层面;二是消费智能化，主要以消费者个人信息为核心，建立信息组织与分析模型，更好地提升顾客体验。总的来说，大数据营销可以使企业生产经营与消费者需求更好地结合起来，形成一个良性互动的生态环境。

当然，大数据营销的运用价值并不止于上述5个方面，还包括运用大数据技术进行个性化营销、对顾客的需求信息进行数据建模[1]等，我们会在后面陆续对这些内容进行阐述。关于大数据营销的概念，我们先介绍到这里，相信您对大数据营销已经不再陌生，接着，请让我们一起来到本章的下一节内容！

---

[1] 数据（Data）是描述事物的符号记录，模型（Model）是现实世界的抽象。数据建模，是对现实世界各类数据的抽象与组织，进而转化为特定形式的数据库。

传统营销亟须变革

传统的营销模式主要通过大量广告投入来吸引消费者，虽然可以做到增加传播面的广度，但往往缺乏精准定位。在大数据时代，这一传统营销模式正在进行着变革，我们可以通过大数据技术，对消费者行为进行预判，从而更容易地获知消费者的喜好与偏好，增强营销的智能性。

当前，互联网的运用已经进入比较成熟的时期。在互联网时代，数据的获取变得相对较为容易，而对数据，尤其是海量数据的研究、分析、挖掘、运用变得至关重要。举例来说，对很多企业而言，产生数据、拥有数据，并非难事，然而，怎样利用所掌握的数据为自己的营销工作服务，包括精准地定位客户群体，判断客户在什么时间、使用何种屏幕（是PC屏幕、电视屏幕，还是手机屏幕等）关注相关信息，从而做到及时推送营销信息？

一般来说，我们将这种及时推送叫作"时间营销"，也就是通过大数据技术及时地响应每一个网民当前的需求，让网民在决定购买的"黄金时间"内及时接收到商品广告，进而提升广告被关注的程度和广告的成功转化率。

其实，时间营销包含了"多屏营销"，即我们需要知道什么样的客户何时在使用哪类屏幕阅览信息。在现实营销中，顾客普遍反感野蛮式的推送广告，但对自己所关注产品的广告并非持排斥态度，甚至有收阅自己所关注产品广告的心理需求，这会有助于顾客了解产品行情。因此，时间营销可以实现产品广告有针对性地投放，而且在顾客最容易"心动"的时刻（比如顾客在某个时刻内，频繁地搜索某种产品），及时将广告信息推送出去，成为促使顾客下定购买决心的"最后一根稻草"，提升营销的成功率。

在大数据营销中，整个营销系统的反馈速度，与用户的满意度体验息息相关，从而直接影响营销的结果。据数据显示，当今79%的移动网民会选择使用手机购物，但其中40%会放弃网页加载时间超3秒的电商网站；亚马逊每天销售额约6700万美元，网页延迟1秒可能导致全年最高损失16亿美元；谷歌每秒回答问题3.4万个，搜索结果提交慢0.4秒的话，一天的搜索量会减少800万次。

由此可见，在大数据技术的运用中，除了能够存储海量数据、对数据进行分析与挖掘，还需要将大数据技术的处理结果以最快速度反馈给用户，进一步改善用户的体验。只有这样，大数据营销相对于传统营销而言，才具备根本性的优势。

在引入大数据的营销实践中，我们发现，一种全新的营销环境正在被营造出来。这种环境实际上是一个大数据与微时代的两面体，一方面是数据量在惊人地增长，另一方面则是产品、服务、客户洞察的精细化、个性化，企业必须面对一个个具体的消费者来做营销，进行个性化营销。

通常情况下，我们在进行营销分析的时候，第一步都是要找到目标受众，即"目标人群"，根据"目标人群"的特点，确定媒介投放策略。在传统营销模式中，企业主要是通过市场调研的手段（如问卷调查、客户访谈、"头脑风暴"会议等）来探知产品的受众，把握受众的需求，从而做出市场预判。

进入互联网时代后，人们的时间显示出碎片化的趋势，消费者的需求变得差异化、多元化、个性化，同时，互联网上的信息聚合与重构又提供了碎片重聚的可能；最为关键的是，大数据技术将这种可能变为现实，将这些碎片化的信息聚合起来，从而将"消费者"还原成"整体的人""丰富的人"，而不是以前简单的"目标人群"。

对此，现代营销学之父科特勒[①]教授将营销的演进划分为三个阶段：第一阶段即"以产品为中心的时代"（我们称为"营销1.0时代"），在这个时代，营销被认为是一种纯粹的销售，一种关于说服的艺术；第二个阶段即"以消费者为中心的时代"（我们称为"营销2.0时代"），这时，企业追求与顾客建立紧密的联系，不但要持续地提供产品的使用功能，更为消费者提供情感价值，因此公司与产品都追求独特的市场定位，以期望为消费者带来独一无二的价值组合，形成一种品牌价值；我们所处的是第三个阶段，即"人文中心主义的时代"（我们称为"营销3.0时代"），在这个新的时代，营销者不再把顾客仅仅视为消费的人，而是把他们看作具有独立思想、心灵和精神的完整的人类个体，力争为消费者创造价值，企业的盈利能力与企业自身的责任感息息相关。

从根本上说，营销是为了更好地满足客户需求，实现商业利润。在营销3.0时代，我们所做的一切努力，都是希望为客户提供更有价值的服务，让用户获得更好的服务体验。简言之，就是全心全意为客户服务，正是为了做到这一点，我们的营销模式才不断地向前发展。

[①] 科特勒，全名菲利普·科特勒（Philip Kotler），1931年生于美国，被称为"现代营销学之父"，是芝加哥大学经济学硕士和麻省理工学院的经济学博士、哈佛大学博士后，获苏黎世大学等其他8所大学的荣誉博士学位，主要著作有《营销原理》《混沌时代的管理和营销》等。

表1 不同营销阶段的综合对比

项目 \ 阶段	营销1.0时代 产品中心营销时代	营销2.0时代 消费者中心营销时代	营销3.0时代 人文中心营销时代
目标	销售产品	满足并维护消费者	让世界变得更美好
推动力	工业革命	信息技术	"互联网+大数据"技术
企业看待市场的方式	具有生理需求的大众买方	有思想和选择能力的聪明消费者	具有独立思想、心灵和精神的完整个体
主要营销理念	产品开发	差异化	价值
企业的营销方针	产品细化	企业和产品定位	企业使命、愿景和价值观
价值主张	功能性	功能性和情感化	功能性、情感化和精神化
与消费者的互动情况	一对多交易	一对一关系	多对多关系

如何在每次革新中脱颖而出

在互联网时代，科技的进步日新月异，作为企业经营中极其重要的营销环节，其方式也在随着互联网的快节奏发展而不断调整与勇攀高峰。比如，曾经受企业广泛关注的网站营销、博客营销、论坛营销、微博营销、微信营销等，在每一次营销变革的浪潮中，那些率先"吃螃蟹"，并能够领会新营销方式真谛的企业与个人，总能在关键时刻把握弯道超车的机会，实现销售业绩的显著提高，甚至奠定了自己的行业地位。

举例来说，小米手机在2011年8月正式发布时，国内智能手机的市场竞争已经趋于白热化，手机的利润也是越来越微薄，很多手机厂商面临高库存的压力。在这种恶劣的行业环境下，小米手机在接受正式预订的两天内，预订数量便超过30万台，就在人们对小米手机的火爆程度瞠目结舌时，令人出乎意料的是，时隔45天后，小米宣布停止预订，并关闭了销售通道，使消费者无处购买小米手机。凭借着在手机市场快速崛起的占有率，小米手机成为国内主流品牌之一。

诚然，小米手机的火爆，与其自身的高配置、低价位产品特点有着密不可分的关系，但同时，在产品日趋同质化的今天，纯粹靠产品自身的硬件竞争力、而缺乏必要的营销辅助，也是很难占有市场的。因为市场占有率，尤其是持久的高占有率，与灵活、有效的营销方式是分不开的。其实，小米手机的成功，从一定程度上来说，也是其营销方式获得的成功。

在小米手机问世时，小米公司及其创始人雷军灵活运用了网络营销的方法，尤其是当时刚兴起的微博营销，培养自己的粉丝，与粉丝高效互动，制造"饥饿营销"。据统计，雷军在过去每天发微博的数量一般控制在两三条，但在小米手机发布前后，他不仅利用自己的微博来高密度宣传小米手机，还频繁参与新浪微访谈，出席腾讯微论坛、极客公园等活动。可以说，小米手机的成功，与雷军从中展开的"微营销"活动是分不开的。

可见，每一次的营销革新，对企业与个人来说，都是一个难得的市场机遇。小米手机所获得的成功，便是在当时以微博营销为代表的"微营销"兴起时，小米公司果断把握机遇，推动营销革新，进而占领市场的有力证明。

此外，在微信营销于2012年兴起时，很多企业与个人便通过微信营销获得了市场上的成功。在此举一个例子，据《重庆晚报》[①]报道，四川省成都市的一位"90后"[②]女大学生，通过在微信朋友圈销售面膜产品，实现月收入50余万元。其实，当我们在网络上浏览相关信息的时候，类似成功的案例还有很多。

总的来说，在经济发展中，产品自身的革新固然重要，营销方式的革新同样重要。作为企业，我们不仅要生产出物美价廉的产品，还需要以最好的营销方式，让顾客接触到我们的产品，享受到我们卓越的营销

---

① 《重庆晚报》，创刊于1985年5月，据其官方数字，该报日均发行量42万份，为重庆地区发行量最大的报纸。
② "90后"，是"80后"的派生词，泛指1990年至1999年出生的一代中国公民。

服务。要做到这点，我们务必要关注新的营销方式、营销理念，从而让我们"赢在营销"。

关于营销对企业的重要性，正如马克思所形容的，商品到货币的过程是"惊险的一跃"，如果不能成功实现这一跳跃，那么受损的将是"商品的生产者"。其中"惊险的一跃"，便是营销，对商家来说，只有成功地把商品销售出去，才能实现商品的价值，否则，商家所付出的一系列成本就无法收回，长此以往，商家正常的生产经营必然受到影响。

正因为此，无数企业都非常重视自己的营销工作。我们不妨再以电商的后起之秀京东商城为例，尽管京东商城在电子商务领域已经获得了很大的成功，在2014年11月，同国内阿里巴巴、腾讯、百度一起进入全球互联网公司十强，但京东商城仍在不断地寻找新的营销方式，比如，京东商城在通过数据分析后，发现自己已为广大互联网用户所熟知，而线下用户尚有部分对其不甚了解或缺乏信任，于是，京东商城便将一部分广告投放在高成本的公交车和电视剧上，通过这种方式，京东商城来挖掘自己的营销"荒地"与潜能。实际上，营销永无止境，我们只有在不断的尝试中，才能持续提升对营销的掌握能力。

当前，大数据营销如火如荼，再次革新着我们的营销思维与营销方式。为了把握这场影响深远的营销革新，我们必须要关注大数据营销。与以往营销策略截然不同的是，大数据营销不拘泥于形式、投放平台，而是充分考虑到企业产品的销售对象、企业规模等，为企业打造最适合自己的营销手段。另外，大数据营销基于多平台（如PC端、手机端、智能电视等）的数据采集，其数据采集范围十分广泛，营销综合定位也更精准，成为企业营销创新的利器。

在大数据营销的运用中，还有一个案例是赶集网。近年来，多次在春节期间大规模地投放电视广告，其中姚晨骑着小毛驴的形象让赶集网深入人心。那么，赶集网为何会做出这样的营销举措呢？原因在于，赶集网通过大量数据的研究表明，80%的上班族在平时很少有闲暇时间去看电视，而是将更多的时间用到了应酬、娱乐上，但春节期间，他们都会和家人待在一起。

于是，赶集网通过在电视平台多频道的集中滚动播放，使这部分网络潜在用户有了"洗脑"式的记忆。果不其然，在春节过后的一段时间里，赶集网的注册用户迅速增加数倍，实现了赶集网的营销目标。

总之，在每次营销革新的时候，也正是市场排名重新洗牌的重要时刻。现在，大数据营销方兴未艾，但其旺盛的生命力已在被一次次地证明着。可以说，大数据营销对企业而言，正变得越来越重要，而且其营销效果与性价比，也是其他营销方式无法比拟的。朋友，你准备好加入大数据营销的阵营了吗？

加入大数据营销俱乐部

我们从前面关于大数据营销概念的论述获知,能够在真正意义上开展大数据营销的企业,应该同时满足3个条件:一是所从事的业务与市场营销相关,二是拥有足够多有价值的数据,三是具备大数据处理方面的技术。目前,国内能满足这3个条件的企业并不是很多,典型的为BAT三家,即百度(Baidu)、阿里巴巴(Alibaba)、腾讯(Tencent)。

其中,BAT三家的数据特点各不相同。百度侧重于全网信息、消费者行为和主动需求类的数据,主要依托搜索数据实现精准营销;阿里巴巴侧重于商品和交易数据,主要通过多角度挖掘大数据价值,构筑数据交易平台,整合已入股的新浪微博来获取前瞻性的价值数据;腾讯侧重于社交数据,主要是背靠大社交数据,来打通多平台营销。

当前,很多中小企业所进行的大数据营销,多是购买与使用BAT所提供的大数据营销服务。比如,百度公司为客户提供"百度大数据"服务,包括"大数据客群分析"(帮助商家精准定位线上线下的客户群体)、"大数据店铺分析"(帮助商家及时把控店铺的运行情况)、"大数据推荐引擎"(帮助商家实现精准推送、个性推荐)、"大数据营销决策"(为企业提供强有力的营销方向指引和数据支持)等。

除了BAT所提供的大数据营销服务以外,还有很多电商平台也在纷纷推出大数据营销服务，如京东商城、亚马逊、1号店、凡客诚品、苏宁易购等。在这些电商平台上，商家只要交纳了相应的平台入驻费用，就可以使用这些电商平台或互联网公司所提供的大数据营销服务。举例来说，一位顾客在百度里搜索某一款商品后，当这位顾客以后再次上网时，就会发现浏览器页面总会不时地向自己推送所需商品的有关信息，这其实便是大数据营销中"广告精准推送"的具体运用。

在大数据营销中，关于广告营销方面，主要包括两种，一种是实效营销，另一种是品牌营销。顾名思义，实效营销追求的是"实际效果"，直接出发点在于促成购买行为；品牌营销追求的是树立品牌意识，打造品牌价值。一般来说，小企业比较倾向于做实效营销，大中型企业则比较倾向于做品牌营销。当然，这也并非是绝对的，企业往往会根据自己的实际需要，来进行相应的选择。

对于很多中小企业来说，虽然纷纷宣布采用了"大数据营销"，但在很大程度上，是购买与使用着BAT等大型互联网平台所提供的"大数据营销"服务。从应用层面来说，中小企业更多的是直接使用大数据营销带来的便利性，可能对大数据营销的具体过程还是不甚了解。因此，我们接下来解读一下大数据营销的基本实现过程。

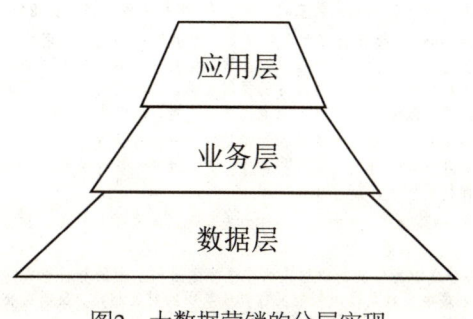

图2　大数据营销的分层实现

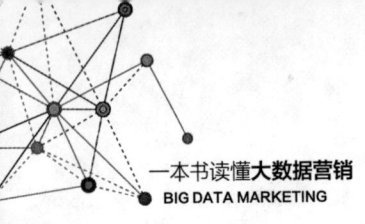

首先,在数据层进行数据采集和处理。传统采集数据的过程,一般是有限地、有意识地、结构化地进行数据采集,例如问卷调研等。在这种情况下,我们采集到的数据,一般都在我们能够设想到的范畴里。这种方式采集的数据,结构性较好,我们通常使用Excel或者类似于MySQL[①]这样的关系型数据库就可以满足数据处理过程。

在互联网时代,大数据的采集过程,基本是无限的、无意识的、非结构化的数据采集;各种纷繁复杂的行为数据,首先,以行为日志的形式上传到服务器[②],再由服务器端的程序进行储存与处理。我们前面所介绍的Hadoop,便是服务器端储存与处理大数据的软件系统工具。

其次,在业务层进行数据建模与分析。这主要是采用一些数据挖掘分析模型,如决策树[③]、关联规则[④]、聚类[⑤]等,对数据进行分析。例如,银行、通信运营商、零售商运用消费者的属性和行为数据,通过一定数据分析模型,来识别风险和付费的可能性等。

再次,在应用层解读数据。我们用数据指导营销,最重要的是对数据的解读。传统的做法,是定义营销问题之后,接着采集对应的数据,然后根据确定的建模或分析框架,对数据进行分析,验证假设,从而进

---

① MySQL,是一个关系型数据库管理系统,由瑞典MySQL AB 公司开发,目前属于Oracle 旗下公司。所谓"关系型数据库",是因其建立于关系代数基础上而得名,典型表现为将数据组织为相关的行和列的结构。

② 服务器,英文名称Server,是提供计算服务的设备。服务器的构成与通用的计算机架构类似,包含处理器、硬盘、内存、系统总线等,由于服务器需要为客户端提供高效可靠的服务,因此在处理能力、稳定性、可靠性、安全性、可扩展性、可管理性等方面要求较高。在网络环境下,根据服务器提供的服务类型不同,可以分为文件服务器、数据库服务器、应用程序服务器、WEB 服务器等。

③ 决策树,英文名称Decision Tree,是在已知各种情况发生概率的基础上,求取期望值大于等于零的概率,以评价项目风险,判断其可行性的决策分析方法,是直观运用概率分析的一种图解法。由于这种决策分支画成图形,很像一棵树的枝干,故称决策树。

④ 关联规则是形如 X→Y 的蕴含式, X 和 Y 分别称为关联规则的先导与后继,两者存在支持度和信任度的关联关系。

⑤ 聚类,是将一个集合分成由类似的对象组成的多个类的过程。由聚类所生成的簇,是一组数据对象的集合,这些对象与同一个簇中的对象彼此相似,与其他簇中的对象相异。聚类分析又称群分析,是研究分类问题的一种统计分析方法。

行解读。这种情况下，解读的空间是有限的，往往停留在我们提前设想的范畴内。

大数据的产生，使得原本以企业为中心或者以消费者为中心的传统模式被打破。新型的以企业和消费者这两个方向共同构成了一个营销空间。它们之间的存在不再是非此即彼的关系。然而，基于传统的营销模式仍然有着巨大的作用。总之，这两者相互影响、相互促进。在这个大数据的时代，在这个新颖的营销空间内，将来会有更多别具一格的营销模式应运而生。

大数据营销提供了一种可能性，那就是既可以根据营销问题，封闭性地挖掘对应数据来进行验证，也可以开放性地探索，得出一些可能与常识或经验判断完全相异的结论。所以，大数据营销对数据的解读，是非常丰富的，更接近于实际情况。

上述大数据营销的实现过程，一般是由类似于BAT这样的互联网服务平台来完成。那么，对于广大中小企业来说，除了需要熟悉大数据营销服务商所能够提供的服务特色以外，自身又该怎样不断主动优化对数据的运用能力，让数据更好地为经营而服务呢？在此，我们为广大中小企业提出5个建议。

第一，发展100个极为忠诚的客户，了解这些客户喜欢订购什么，以及他们再次购买的频率，据营销专家估测，发展100个极为忠诚的客户能比2.5亿美元的广告推广带来更多的口碑传播。

第二，统计在一定的时间范围内，有多少销售业绩来自新客户，从而判断自己的广告投放效果，以便及时做出调整。

第三，通过与客户的互动性反馈，持续挖掘产品新的卖点。

第四，了解企业的员工，帮助员工成为最好的营销人员。

第五，倾听客户在社交网站上对你的企业的评论，收集反馈，并迅速对客户的评论做出反馈。

最后，我们要说的是，大数据营销并非一些大型互联网公司的专属，广大中小企业均可以在大数据营销的浪潮中培育自己的大数据思维，积极拥抱大数据营销，敢于尝试、勇于创新，必然能够一步步由弱到强、由小到大，实现企业的飞跃。

第二章
大数据与精准营销

- ☑ 立足淘宝大数据的精准化营销
- ☑ 牛肉干和鱿鱼丝引发的讨论
- ☑ 顾客看了伊妹尔就想买
- ☑ 《纸牌屋》票房走红的背后
- ☑ 趣多多教你玩转愚人节

立足淘宝大数据的精准化营销

　　大数据在2011年首次经麦肯锡咨询公司①正式介绍，并引起人们普遍关注以来，经过近两年的发展，在2013年可谓进入"爆发年"，"大数据"也随之成为高频率出现的热门词汇。当前，无论是百度、腾讯，还是淘宝、新浪等，每个平台上都有海量的数据，即便是一个单一的媒体平台，其数据也反映着网民的各种行为，例如百度的平台上呈现的是网民的各种与搜索有关的行为，腾讯的QQ与微信平台上呈现出的是网民的社交行为，而淘宝上则显示着网民的购买行为，新浪的平台上则可以看到网民的阅读行为等。

　　在大数据给营销工作带来的有益影响中，精准营销是一个重要的方面。我们可以利用大数据技术，实现对百度、腾讯、淘宝、新浪等平台上的海量数据进行挖掘与分析，从而增强营销推广的精准性。我们在这里重点介绍的是淘宝大数据的精准营销，并解读大数据精准营销离淘宝、天猫②平台上的普通商户有多远，作为这些大数据平台上的用户，我们又该如何使用大数据的精准营销？

---

① 麦肯锡公司，英文名称McKinsey Company，1926年创建于美国，世界著名的管理咨询公司。
② 天猫，英文名称"Tmall"，原名"淘宝商城"，是一个B2C类型的综合性购物网站；2012年1月，淘宝商城正式更名为"天猫"。原有的淘宝网，则倾向于C2C类型的电子商务网站平台。我们通常将淘宝网和天猫网均称为"淘宝"。

第二章 大数据与精准营销

我们需要声明的一点是，大数据并非高高在上，也不是仅有几个软件工程师、数据分析师就能解决的，与所有其他技术一样，大数据要接地气，才有更大的市场，所以要让普通商户参与进来。其实，淘宝的大数据是由众多商家的"小数据"汇聚而成的。

因此，大数据离淘宝、天猫的商户并不遥远，我们可以借助一些大数据营销的工具，从而使得每个商户能够分析好自己的小数据、用好自己的小数据，这样的话，积少成多，淘宝大数据的价值与优势也就愈加增强了。

据麦肯锡早在2011年的报告中称，零售商使用大数据可以增加营业毛利超过60%。这个预期的营销业绩对很多商家来说，很有吸引力。我们知道，从营销的本质来看，营销的过程就是满足需求、提供价值、完成交易、实现利润的过程。互联网与大数据的迅速发展，改变了消费者的消费模式和行为习惯，也在飞速改变着传统的营销模式。

可以说，在当今时代，能够存活下来的企业，未必是规模庞大的企业，而是能够随环境变化迅速做出调整的企业。要调整的，除了思维模式，还有营销工具等。对于商家而言，在实际的营销工作中，可以通过借助一些大数据营销工具，来实现精准营销。

我们在这里介绍一种广泛使用的短信营销工具。举例来说，我们在登录淘宝平台上的一些商户店铺时，会不时收到来自商户的短信提醒，而这些短信仿佛在一定程度上读懂了我们的"心事"，带有一定精准性。这种营销工具，实际上通过调用淘宝数据分析系统里比较精准的会员数据，来开展精准短信营销。

接下来，关于这种短信营销工具的具体功能，我们暂且归纳为如下几点。

（1）催单短信

这通常是大家熟悉的，即该短信营销工具可以检索所有下单、却并未付款的用户，接着该短信营销工具会给这些买家发送短信，提示买家付款或调查未付款的原因。该项功能的作用是唤醒睡眠顾客，这是由于，经常会有买家在网上购物时，因余额不足，或者发现了其他更优惠的商品等原因而中断了付款，因此，该项功能可以通过催单短信来提示客户支付，或者通过短信了解买家中断付款的原因，便于商家找出对策，从而提高订单的成交率。

（2）分组群发——按标签检索

该功能可以给不同的买家设置标签，再根据标签进行分组，并调取淘宝平台上不同标签的用户数据，针对标签特性来发不同的营销短信。在这方面，卖家对自己的产品特性及客户特性比较了解的话，就可以依据自己的经验给买家打标签，然后根据这些客户的特点来发送更有针对性的营销短信，从而提高营销的转化率。

（3）分组群发——按等级检索

有些商场或超市会通过给顾客办理相应级别的金卡、银卡等，来对顾客进行分级，并在以后针对不同级别的顾客，发送不同的促销短信。同样，在淘宝海量的注册用户数据中，对其中的一个商家而言，自己的顾客群体中，自然也存在不同级别的现象。因此，短信营销工具可以利用这些给用户分级的数据信息，根据不同等级的用户来发送不同的营销信息，增强了针对性和精准性。

（4）分组群发——按交易总额、上次交易时间、交易笔数、交易单价、累计货品数量检索

这种群发短信的方式，相对而言，更加倾向于大数据分析，通过上

述指标，能够分析出忠实客户、新客户、流动客户等，并针对这些客户的特点来发送不同的短信，开展精准营销，从而提高了商家的营销效率。

现在，淘宝平台上已经有越来越多的商家采用这种基于大数据分析技术的短信营销工具，使得商家的营销更具有针对性。当然，除了短信营销工具，依托大数据技术，我们还可以通过电子邮件等方式开展精准营销，在改进顾客体验、提升顾客满意度的同时，也推动了企业营销工作的开展。

牛肉干和鱿鱼丝引发的讨论

有位网民在淘宝网上购买了几袋牛肉干和鱿鱼丝，然后意外地发现自己的新浪微博右下角的"热门商品推荐"栏中，不厌其烦地向自己推荐同类商品。于是，这位网民顺手写了一条抱怨的微博："淘宝和新浪微博太讨厌了——没必要我前几天从淘宝网上买了一次牛肉干，你就天天在新浪微博页面上推荐牛肉干、鱿鱼丝之类的。我一次就吃腻了，至今还在反胃哩。你能追踪我的消费痕迹，却体会不了我的消费感受。淘宝和新浪微博，你们如果能区分我贪婪的口水和反胃的打嗝之间的区别，那才真叫本事！"

这条微博在发布后的短短三四天内，点击阅读率达到了70多万人次，转发和评论达上千条。参与这场讨论的，不仅有广大消费者，更多的是各大电商的营销人员、技术人员和管理人员。其实，这场讨论的关键在于大数据营销究竟能够在多大程度上排除各种干扰，从而精准地把握顾客的需求？

诚然，"大数据"已经是最近深受公众和舆论追捧的热门词汇之一，但在实际运用中，无论是大电商，还是小电商，很大程度上玩的是概率，还达不到真正意义上的"精准"。同时也说明，我们要真正做到精准营销，需要进一步提升自己对大数据的领悟与处理能力。

在此，我们暂且列举一下在微博中收集的、网友对于当前一些所谓"大数据营销"的反馈：

"今早我在淘宝搜农具，现在一打开网页，出来的全是镰刀、斧头的信息……"

"我在新浪微博上就回复了一个关于无花果的信息，于是微博的右侧就天天出现推荐无花果的商业讯息！"

"我一次在淘宝页面上误点了一个冰箱，现在满屏幕都是那个牌子的冰箱广告，无论打开哪个网页都是，真是郁闷……"

"一个多月前，我在淘宝上买了台电视，接下来的连续一个月，网页上都出现给我推荐电视的广告。如果我只是看看，还没有购买，淘宝上的商家再给我推荐的话，还可以理解，可是我都已经购买完了，这些广告还一直不断，难道让我再买一台不成？"

"前段时间，我在天猫上买了件亚麻衫，这些天上网时，到处都给我推荐亚麻衫，微博、优酷、腾讯到处都是。这还不算可恶，可恶的是，我点进去了，却发现没有一款能适合我穿的。"

在实际生活中，类似上面的营销尴尬局面还有很多，我们暂不一一列举。这些普遍存在的、不够精准的营销现象，几乎涉及所有的大小电商。这再次告诉我们，大数据营销中，精准营销的重要性。如果大数据营销不能够有效地提升精准性，那么，就可能降低用户的满意度体验。

对于商家而言，强行向顾客推荐商品，往往会导致顾客的厌烦情绪和后悔情绪。因此，大数据时代的营销推广，不仅要划分受众，还需要划分单体受众的心理层次。在上面的案例中，顾客在电商网站上产生购买行为后，电商网站在没有收集到顾客足够的行为数据时，就盲目推荐，所以在一定程度上误判了顾客的需求，从而未能做到向顾客进行精准推送信息。

如果电商网站希望更好地了解顾客的行为数据，可以适当地对顾客的纵向数据进行建模分析，比如，电商网站可以将买过牛肉干的人在近期（如1年内）购买过的商品全部排列出来，找出共性较多的商品予以推荐。在进行数据分析的时候，可以有这样几种方向：一、分析单一用户的购买频率，对用户的购买频率进行调整，在预期的下一次购买时段内推荐；二、结合购买力及品牌偏好，做关联产品展示；三、推荐给有相同爱好的购买者，增加产品销售的机会。

通过上述方法，电商网站在收集到了顾客足够的行为数据后，有助于减少给顾客进行的盲目推荐，并规避以往"根据关键词投放广告"的弊端。然而，鉴于消费者行为的表现是多元化的、动态的、可延续的，所以从"根据关键词投放广告"提升到"根据人的行为投放广告"，也是我们努力的一个重要方向。

图3 大数据有助于促进精准化营销

当然，大数据营销在精准性以外，还有一个重要的特点是营销的相关性。这是因为，大数据技术有一个重要的运用，便是关于某种趋势的预测。比如，在对顾客以往行为数据分析的基础上，我们是否可以做出一种判断，即顾客还可能对另一些商品存在需求的渴望？

实际上，这也正是在上述案例中，顾客购买了几袋牛肉干和鱿鱼丝后，引发的网友关于大数据营销的讨论中，一个重要的方面。对于顾客来说，最理想的网购和推荐是什么样呢？一些顾客在网上纷纷表达了这样的意见：

"买牛肉干，推荐牙签，或者山楂片，有助于消化。"

"买了一件泳衣，你可以推荐防晒霜；买了一个冰箱，你可以推荐保鲜盒；买了一双皮鞋，你可以推荐鞋油……"

"我在'去哪儿'网上浏览了内蒙古的景点，你就可以推荐当地的牛肉干等特产。"

其实，顾客的上述建议，已经表达出了一种相关性推荐的含义。关于这点，同"啤酒与尿布"的推销理论有些相似，当然，我们会在后面对"啤酒与尿布"的推销理论中进行深入阐述，这里暂且不展开讨论。

我们通过顾客对于大数据营销中精准性和相关性的讨论，在一定程度上厘清了大数据营销的一些方向。此外，我们不妨再有一个思路，那就是，我们绕开给顾客"推荐什么"的思路，转向考虑给顾客"不推荐什么"的思路，从而在一定程度上避免厌烦性推荐，从而避免顾客的反感。

举例来说，一位男性顾客在网上购买了服装、化妆品之类的女性消费品，那么，我们的大数据平台是否能够根据顾客的消费痕迹和数据，判断出顾客的消费能力，消费类型（如是奢侈型还是勤俭持家型），根据这些判断，在这位顾客的网页上调整商品的推荐频率，甚至对有些商品进行屏蔽，从而避免此类消息可能刺激他异性朋友的奢侈浪费性购

物，并使这位顾客陷入尴尬局面？其实，这些人性化的营销关怀，也是我们在运用大数据营销过程中需要考虑的问题。

最后，我们要说的是，大数据营销的精准性是基本方向，相关性与预测性则在不同程度上巩固了精准性。大数据营销方兴未艾，很多有益的营销方向和策略均在不断探索与实践中，我们相信，只要我们对大数据有足够的关注度，就一定能够持续提升大数据营销的质量，提升顾客的满意度。

顾客看了伊妹尔就想买

李女士是京东商城的一个新会员,她最近学习了一些厨艺后,便想当一个家庭主妇,于是她打算到京东商城上去买些厨具。结果,她发现自己选中的那款商品没有货,在失望之余,她看到京东商城上还有"到货提醒"的功能,于是她选择了该功能,并填上了自己常用的邮箱地址。

几天后,这个商品有货了,李女士及时收到了一封E-mail(音译"伊妹尔")邮件,里面大致意思是"您上次想买的东西有货了",此外,这封邮件里还给她推荐了几款相关的厨具商品。在比较了这几款推荐的厨具后,李女士不再坚持自己原先要买的那一款,而是购买了邮件中推荐的一款厨具。于是,通过电子邮件,李女士完成了自己在京东商城上的第一次购物。

又过了一段时间,李女士又迷恋上了摄影,便想在京东商城上买一款单反相机。她在京东商城上搜索浏览了很长时间,仍不知该选择哪一款相机,便没有选择购买。

没想到有一天,李女士打开邮箱时,发现里面已经躺着一封邮件"京东告诉您如何挑选单反相机",这正是李女士要找的信息,于是,她立即打开邮件,通过邮件链接到专题页面,参照页面里的内容,李女士果然找到了自己满意的相机,她也果断地下单购买了一款自己中意的

相机。

不久,李女士的爸爸要过生日了,她打算送给爸爸一部手机。李女士在京东商城上看到一部手机,感觉不错,只是价格有些贵,这让李女士有些犹豫,便先放到了"购物车"里,打算再看看有没有其他便宜一些的;李女士搜索浏览了一会儿,也没有找到更合适的,便结束了这次的购买之旅,去忙别的事情了。结果,3天后,她收到一封"您购物车里的商品降价啦"的邮件,打开邮件一看,里面正是她想买的那部手机,此刻降价500元。这款手机降价后,李女士觉得可以接受,就果断购买了这部手机,以送给爸爸做生日礼物。

通过上述的若干次购买经历,李女士逐渐喜欢上了京东商城的邮件。这是因为,那些邮件总能带给她惊喜,帮助她购物,好像能够读懂她的心思。正是这一点,也让她对京东商城产生了好感,时常到京东商城上购物。

在上述的案例中,京东商城的邮件在很大程度上提升了用户的满意度体验,甚至直接促发顾客的购买行为。那么,京东商城的邮件系统又是怎样做到这一点的呢?

我们知道,一个好的邮件营销方案,要能够完美解决一个"3W"的问题,即在什么时间(When),把什么内容(What),发给什么人(Who)。如果要解决这个问题,就要很清楚地了解用户的情况,个人喜好,需要什么等。

邮件营销要完美地解决上述3W的问题,就需要大数据挖掘技术的支持,需要基于用户在京东商城的一切行为(伴随这些行为的是一系列数据),包括搜索、浏览、点击、咨询、加关注、放购物车、下单、居住地址、电子邮件地址等一系列数据,然后在这些数据的基础上进行建模,从而得出每个用户的情况,例如性别,年龄,婚否,是否有孩子,孩子的性别,是否有房子,是否有车,喜欢什么品牌等。

当我们了解上述信息后,就能够比较容易地定位到每个用户的喜好。接着,我们再抽象出各种场景,基于每个场景制定不同的邮件策略,例如,放进购物车却没有购买是一个场景,浏览了一种商品却没有购买也是一个场景等。基于这些场景,我们可以设置不同的邮件内容,并在合适的时间,比如放进购物车后、该商品发生了降价行为的时候,就把降价信息的邮件发送给这个用户等。

我们下面提供了京东商城基于大数据技术所搭建的精准营销架构图,以供参考:

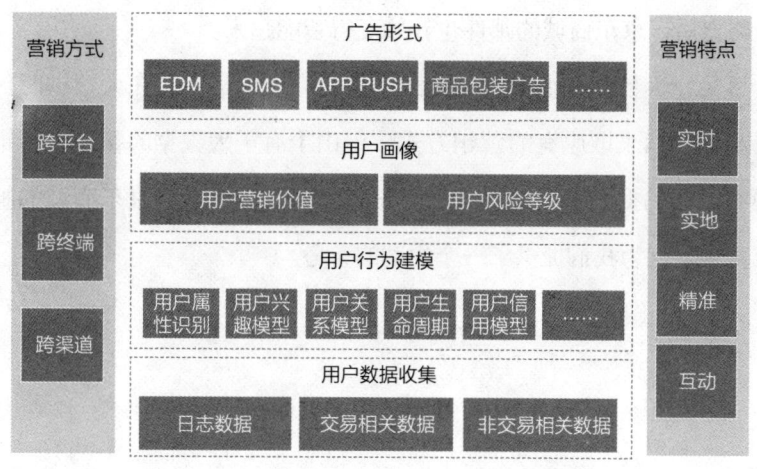

图4 京东大数据精准营销架构截图

在上图中,架构的底层是各种明细数据,包括用户产生的各种日志数据、用户交易数据和其他相关数据,在用户数据的基础上,我们对用户的行为进行建模,包括用户属性的识别、用户兴趣模型、用户关系模型、用户信用模型等；在用户建模之上，我们再抽象出用户画像，作为底层数据供应给各营销系统使用，这些营销系统有EDM（Email Direct Marketing，电子邮件营销）、SMS（Short Message Service，短信服务）、APP PUSH（即服务器端推送消息给APP客户端）等。

在京东商城的邮件系统引入大数据之前，过去只是每周发两次邮件给全网站的用户，或者仅是对用户进行简单的级别划分，这种情况下，邮件营销不够精准，在提升用户的满意度方面，总是捉襟见肘。如今，在有了大数据的参与后，京东商城可以把大数据建模出的用户画像抽象成筛选出来的条件供邮件系统使用；这样的话，邮件运营人员也可以很方便地筛选出精准的目标用户，使得邮件内容在设置上也更加多样化，使用户体验得到极大的提升。在基于大数据做了很多场景的自动触发邮件策略之后，京东商城的邮件也开始变得智能起来。

可见，大数据在很多营销方式中有着广泛的运用。在大数据时代，或许我们仍然采取原有的营销方式，但由于有了大数据的参与，营销质量便有了质的提升。在这一方面，正如上述案例所示，京东商城的邮件精准营销，就为我们提供了一个生动的参考。

《纸牌屋》票房走红的背后

《纸牌屋》的英文名称为 *House of Cards*，是一部由美国奈飞公司（Netflix）出品的电视剧，首播于2013年2月。在《纸牌屋》的出品方兼播放平台Netflix上，第一季度就新增超300万的流媒体[①]用户，Netflix的第一季度财务报告公布后，其股价狂飙26%，达到每股217美元，比上年度的低谷价格累计涨幅超过3倍，《纸牌屋》在影视界也引来广泛的关注。

《纸牌屋》之所以上映伊始，便一炮走红，获得市场的热烈反应，一个重要原因在于，《纸牌屋》的诞生是从3000万付费用户的数据中总结收视习惯，并根据对用户喜好的精准分析而进行创作的。

这再次说明，随着大数据时代的来临，大数据技术正凭借其巨大的商业价值，在互联网营销的大舞台上扮演着越来越重要的角色。越来越多的企业开始从海量的数据中挖掘有效的信息，研究用户的消费习惯，然后利用挖掘出来的有效数据对用户行为进行分析，从而做到精准营销。

我们接下来继续看《纸牌屋》的诞生过程，是如何采用大数据技术

---

① 流媒体，是指采用流式传输的方式，在互联网上播放诸如音频、视频或多媒体文件的媒体格式。流媒体在播放前并不下载整个文件，仅将开始部分的内容存入内存，在计算机中对数据包进行缓存并使媒体数据正确地输出。流媒体的数据流随时传送、随时播放，只是在开始时有些延迟。

进行创作与营销的。其实,Netflix在创作《纸牌屋》前,通过对3000万个用户行为进行大数据分析,从而预判出《纸牌屋》是否能够卖座。

在对3000万个用户行为的数据进行分析时,Netflix通过其Cinematch推荐系统来完成。该系统基于用户视频点播的基础数据,如评分、播放、快进、时间、地点、终端等,储存在数据库里,然后通过数据分析,计算出用户可能喜爱的影片,并最终创作出了深受观众喜爱的《纸牌屋》。

另外,为了与用户保持联络与互动,Netflix在基于大数据分析的基础上,广泛运用一系列沟通工具,与用户保持联系。由于电子邮件在与用户的联络中起着重要的作用,所以,Netflix同样积极地运用了基于大数据分析的邮件营销。在此,我们看下Netflix营销中的可借鉴之处:

(1)越简单越好

Netflix发给用户的电子邮件,不是最具有视觉吸引力的,主要突出的是功能性和效益。总之,对于电子邮件中的文案和创意,越简单,表现出来的效果反而更好。据统计,在Netflix发给用户的所有邮件中,几乎找不到长篇累牍的文案或繁复的图片。文案内容通常被限制在短短的句子、电影封面和一些简单的广告中,页面和布局都非常简单。

(2)新会员欢迎及引导

在新用户注册后,便进入了Netflix的新会员生命周期计划中。Netflix对新加入的用户,一方面发送欢迎邮件,重新对新用户的名字、邮寄地址、合同条款等个人内容信息进行确认;另一方面,鼓励用户往自己的Queue(电影队列)中加入至少6部喜欢的电影,以便日后进行个性化推荐。在这个过程中,Netflix还会不断地发邮件,告诉用户还需要加入多少电影,以及可以在哪里找到更多喜欢的电影。

（3）基于个性化的数据，让用户重新回来

Netflix根据点击、调查问卷等方式来获取用户的偏好数据，这不仅为生产用户喜欢的内容提供了参考，还使Netflix基于数据对不同的用户群组，以不同频率发送相关的主题邮件，从而不断深化与用户的关系。

比如，如果一位用户订阅了Netflix的流媒体服务，但是有一段时间没有来光顾，那么Netflix将会基于这位用户以往的收视习惯（如观看过什么影视剧，观看的进程如何，距上次登录有多长时间等信息），发送给用户相关的邮件，从而使用户重新回到Netflix上继续观看。

（4）日常邮件中，与用户保持互动

Netflix每次向用户寄去一张DVD光盘时，会随之发出一封邮件，让用户了解将会收到什么物品，以及什么时候将寄到；在用户归还DVD光盘后，Netflix还将发送另外一封邮件。这些邮件类似零售商的送货确认通知，保持了在整个过程与用户的互动；当用户归还DVD光盘时，在Netflix发给用户的邮件中，还提供给用户对影片直接评价的权利，从而增加了邮件的趣味性和互动性。另外，Netflix根据五星评级系统，通过其强大的数据分析能力，又便于Netflix再次向用户推荐更加精准的内容，加强了Netflix与用户的互动性。

总之，Netflix通过大数据分析技术，将拍什么、谁来拍、谁来演、怎么播等问题，均由数千万观众的客观喜好统计来决定，从受众洞察、受众定位、受众接触到受众转化，每一步都由精准、细致、高效、经济的数据引导，从而实现大众创造的C2B（Customer-to-Business，客户对商家），即由用户需求决定生产。

一般来说，从企业的一方来看，要确保产品的销路，首先要使产品具有市场针对性，这就需要企业精准式设计、精准式研发、精准式生

产、精准式营销，唯有如此，我们才能够更加懂得自己的顾客。在这方面，作为世界上最大的在线影片租赁服务商，Netflix依据其大数据分析技术，几乎非常清楚观众们喜欢看什么影视剧，也懂得如何制作出受观众欢迎的影视剧，正是在此基础上，Netflix拍摄的《纸牌屋》才会一经上映，便广受欢迎。

当然，《纸牌屋》的成功，除了数据的功劳，片中演员们在表演方面的努力也是一个重要方面。但在市场难以确定的美国影视行业，即便有了一流的导演、实力演员和时下流行的题材剧本，依然难以取得良好市场效益的现象并不少见。可以说，一种生意，能够预见其未来，是一种具有颠覆意义的营销革新。在这方面，Netflix的《纸牌屋》做到了，并获得了极大的市场成功。

最后，我们要说的是，不仅《纸牌屋》充分运用了大数据营销，实际上，大数据技术已经渗透到生活的方方面面。比如，从奥巴马竞选团队利用数据分析来筹款，到微软研究院利用大数据技术在2013年成功预测24个奥斯卡奖项中的21个，我们将会看到，大数据技术将会在更多的成功案例中涌现！

趣多多教你玩转愚人节

愚人节是一个尽情地"折腾"别人、尽情地享受生活的节日。伴随着人们在愚人节这天的欢笑，越来越多的商家也看到了愚人节所蕴含的巨大商业潜力，并且纷纷在这天用尽浑身解数来达到提升品牌曝光度的目的。在这方面，我们所熟悉的一个食品品牌趣多多，就充分地运用了愚人节开展营销。

2013年4月1日，愚人节。在这天，趣多多这个主打诙谐与幽默的品牌，同愚人节主张"快乐至上"的主题不谋而合。于是，趣多多发起一系列数字宣传活动，用幽默的力量为大家消解压力、带来好心情。

趣多多在愚人节的这次营销活动，创造了6亿多次页面浏览，并影响到近1500万个用户，"趣多多"品牌被提及的次数更是增长了270%。可以说，这是一次成功的品牌营销活动，让趣多多的用户关注度得到了一次巨大的提升，趣多多诙谐幽默的品牌基因，也更加深入地进入用户的意识层面。趣多多在这场营销活动中的口号"别太当真，只要趣多多"，也给人们留下了深刻的印象。

就在趣多多获得愚人节营销的骄人业绩时，我们需要考虑的是，趣多多是如何成功地策划与举办了这场营销活动的？我们在开展节日营销时，可以从趣多多那里学习到什么？实际上，趣多多在这场营销活动中，积极运用了大数据技术，推动了营销活动的顺利进行。

图5　趣多多愚人节活动口号：别太当真，只要趣多多！

比如说，趣多多在营销活动中，将整个数字宣传活动大面积投放在搜索与社交媒体上。在愚人节当天，百度、腾讯和新浪等一些中国最大的搜索引擎与社交媒体的网站上，出现了一些令人匪夷所思的新闻，如《姑娘两年减肥25公斤，变化过大无奈换身份证》《受明星影响严重，英国4岁小孩减肥》《女嘉宾爆20万相亲起步价引争议》等类似新闻文章。在这些新闻的最后，都会标注"别太当真，只要趣多多"这一口号。

对于趣多多的这些营销动作，趣多多愚人节营销活动的策划与执行方解释说："我们把搜索和社交媒体作为这次活动主要的媒体平台。理由很简单，除了搜索引擎，微博、微信已经是中国消费者获取信息的主要来源。对于有些人来说，或许每天早上睁开眼睛后第一件事和临睡前的最后一件事，就是浏览微博、微信。"

趣多多之所以选择这样的宣传平台，很大程度上是基于社交大数据的敏锐洞察，精准地锁定了以18～30岁的年轻人为自己的主流消费群体。而在当前，微博微信则是年轻人沟通联络、获取信息的重要工具。

在此基础上，趣多多进一步聚焦于自己的目标消费人群所乐于，并习惯使用的主流社交和网络平台，如新浪微博、腾讯微博、百度大搜、微信以及优酷视频等。在选择了营销推广渠道与具体的营销平台后，趣多多在愚人节当天，便进行了全天集中性投放，并围绕品牌的口号展开话题，全面贯彻实时且广泛地与用户沟通的机制，达到深度渗透的效果，使品牌在最佳时机得到有效曝光，也令目标消费者在当天就能得到有趣和幽默的体验。

在趣多多的愚人节营销活动中，还将实时广告营销拉进了大众视野，成为品牌营销活动的一种全新思路。实时广告营销是基于消费者洞察和当前趋势的一种广告活动形式，主要是利用一个特定的话题或事件同消费者产生即时互动；通过互动达到品牌宣传推广的目的，同时，这种即时的互动模式，不仅增强了品牌的用户体验，使企业得以快速获取用户反馈，还为下一步的营销活动提供了更好的思路。

比如，在趣多多的愚人节营销活动中，借助百度平台，趣多多在"百度搜索风云榜"中设置关键词，采取热门事件覆盖的方式，通过相关主题文章的配合，使用户在对这些名词进行相关搜索时，便能很快地搜索到趣多多创造的相关话题内容。

另外，在营销活动开展的过程中，趣多多还在百度中进行产品广告的植入，比如首页热门话题、页面的推荐展示等，使得趣多多得以全方位展示与推广。这样的话，既有助于在客户和趣多多互动之前调节好客户的心理，还能引发更多的注意。在活动中，趣多多采取了全新的互动模式，使得客户真切地感受到了趣多多的用心，这不仅扩大了影响，还凝聚了广大客户的人心。

当然，趣多多除了对百度平台的深入运用，还整合了腾讯、新浪等社交媒体资源，从而在营销活动中与客户之间起到了很好的互动效果。

其实，营销活动互动性的提升，很大程度上受益于趣多多对多平台上大量数据的整合与挖掘，从而使得趣多多在营销中能够做到有的放矢、游刃有余。

最后，我们要注意的是，在当今互联网时代，当我们开展营销活动时，要注重积极运用大数据分析技术，包括要能够跨越几大互联网平台，通过大数据技术制订更精准的营销方案，从而提高营销效率、改善营销效果。

第三章
大数据发掘客户需求

- ☑ 发掘客户需求就是淘金
- ☑ 传统行业抢滩大数据
- ☑ 沃尔玛的"啤酒+尿布"
- ☑ "互联网+大数据"思维
- ☑ 电商玩的就是大数据

发掘客户需求就是淘金

据统计,在2012年,全球共使用了超过2.8兆[1]GB的数据,然而我们只是对其中1%的数据进行了有意义的分析。实际上,即便是这微不足道的比例,也已让我们注意到大数据的重要性和潜力,从中发掘到客户更多的需求,也给企业带来了更多的商业机遇。

据美国麻省理工学院[2]研究,有很多企业从这些大数据中抓住了机遇。早在2011年,58%的企业已经将分析技术用于在市场或行业内创造竞争优势,而在2010年时,这一比例仅为37%。值得注意的是,采用数据分析技术的企业在持续超越同行方面的可能性要高两倍。

面对大数据可能带来的商业机遇,很多中小企业往往是望而却步,认为大数据时代的主角是那些大型企业,仿佛自己很难主动参与进来,以及在其中起到一些作用。这实际上是把大数据广义化的结果。因为从广义的大数据建设来看,其涉及的技术要求、耗资成本、人力匹配等要素对一般中小企业而言,确实存在很大的挑战性。很多中小企业即便有大数据建设的意愿,但由于缺乏成熟的系统架构理念,也无从下手。

---

[1] 兆,计算机学里的一个数据计量单位,1兆等于10的6次方。
[2] 麻省理工学院,英文名称Massachusetts Institute of Technology,世界顶尖级研究型私立大学,创建于1861年,校址在美国马萨诸塞州剑桥市。

其实，众多的企业之所以热衷于对大数据运用的探索，一个重要原因是，企业可以从大数据分析中，进一步发掘客户的需求，在洞悉了客户的需求时，企业的经营方向就会更加精准。正是从这个意义上说，我们才认为，企业能够发掘客户需求，无异于淘金。

通常情况下，企业的数据可以分为结构化数据、半结构化数据和非结构化数据3种类型。其中，85%的数据属于广泛存在于社交网络、物联网、电子商务等平台中的非结构化数据。这些非结构化数据的产生，往往伴随着社交网络、移动计算和传感器等新渠道和技术的不断涌现和应用。

在这些数据中，仅依托社交网络而存在的数据，对企业开拓新的市场需求而言，就是一个巨大的机遇。如果企业能够从这些依托社交网络的数据（如网民对某种需求方面的诉求、对某产品功能的议论、对电子商务网站上价格的讨论等）中获取新的洞察力，并将其与自己业务的各个细节相融合，深入挖掘用户的需求点，创新产品，那么这对企业来说，无疑是宝贵的机遇，也能够提升企业的竞争力。

我们不妨以房地产行业为例。假如房企能够有效采集到微博、博客、论坛、贴吧、新闻跟帖上关于住房话题议论的数据，比如对交通情况、小区环境、房屋设计、家居质量、个人住房需求的偏好以及用户账号的个人注册信息等，就可以从中对不同年龄段、性别、地区的客户消费偏好、消费能力进行分类分析，并以此为依据去了解区域市场的需求。如果能够这样做的话，显然会对房企的营销产生积极影响。

我们以作为房地产巨头之一的万科公司来举例。万科在客户行为数据调查中发现，移动互联时代，家庭里的无线网络，即WiFi，通常必不可少，但经常会出现每个房间WiFi信号强度有别的尴尬情况，在洞悉了

客户的这项需求后,万科在其开发的楼房项目中就统一配备了WiFi增强系统。同时,由于现在很多年轻人变得很"宅",习惯在沙发上坐一整天上网而不出门,便设计了"土豆位"的概念,迎合3C①时代年轻人的生活习惯。

在社区配套服务方面,万科尝试让业主、客户可以在社区建设之初,就参与到社区配套的设计和运营上来,引入时下最新的互联网概念"众筹",根据业主未来的需求,来组织业主实现"众筹"健身房、超市、美容院等,这个方法的灵活性、实用性,激发了业主的兴趣,进一步提升了业主对万科的满意度。

总体来说,很多企业在积极探索与运用大数据技术方面的步伐从未停滞,尤其是大型企业,更是以积极运用大数据技术为己任。除了万科这样的实体企业,很多互联网大型企业更是无不争先恐后地涌入大数据时代的浪潮中。从阿里巴巴到腾讯,从海尔到小米,它们都在通过各种不同的方式或形式来投身于大数据的应用中。尽管这些企业分布在不同行业,但它们却都有一个共同的特点,那就是积极利用互联网思维和大数据,有效地为客户提供更符合需求的产品。

我们再来看其他行业从大数据中探索市场需求的做法。比如,作为一家婚恋网站,百合网不仅需要经常做一些研究报告,分析注册用户的年龄、地域、学历、经济收入等数据,而且还对每名注册用户小小的头像照片数据进行分析与研究,挖掘其数据背后的价值。

比如,百合网经过对海量注册用户的头像信息进行分析,发现那些受欢迎的头像照片,不仅与照片主人的长相有关,同时,照片上人物的表

---

① 3C,即Computer(计算机)、Communication(通信设备)和Consumer-Electronic(消费电子产品)。

情、脸部清晰度等因素也在很大程度上决定了照片主人受欢迎的程度。

举例来说，对于女性会员，微笑的表情、直视前方的眼神和淡淡的妆容，能增加自己受欢迎的概率，而那些脸部比例占照片1/2、穿着正式、眼神直视、没有多余姿势的男性，则更可能成为婚恋网站上的宠儿。在通过数据分析获得这样的认识后，百合网便指导不同性别的会员如何装饰自己，从而使自己给他人留下好的印象。实际上，关于如何美化自己的形象，可谓是人们普遍存在的一个需求，百合网不仅帮助客户发现了这个需求，还帮助客户实现了该需求，因而百合网深受单身客户的欢迎。

来自广大用户的欢迎，不仅直接促进了百合网上注册用户数量的猛增，也给百合网赢得了荣誉。在2013年4月，百合网荣获"2012—2013年度中国互联网服务类最佳创新力奖"，成为当时唯一获得此荣誉的婚恋交友网站。

另外，互联网中的结构化数据和半结构化数据也在以丰富的形式存在着，并呈现一些特点，比如，数据呈现类型繁多，除了单一的文本形式，还包括办公文档、图片、XML、HTML、各类报表、图像、音频、视频、数字等各种丰富的数据信息；数据量巨大，据估算，一天之中，互联网产生的全部内容可以刻满1.68亿张DVD光盘，发出的社区帖子达200万个（相当于《时代》杂志770年的文字量），发出的电子邮件有2940亿封之多（相当于美国两年的纸质信件数量），信息量十分浩大；"碎片化"传播，这缘于自媒体时代的社交媒介，反映了信息数据的时效性、即时性、反馈性。

随着网络社交在线的互动性、便捷性增强，在社会化媒体上进行评级、撰写点评、博文、点赞，从而产生大量的碎片化数据，我们在通过

大数据分析后，便有助于指导产品的设计、研发、生产和营销，最终更好地实现客户的需求，带来更好的经济与社会效益。

在现今大数据营销如火如荼的开展中，应该更加主动挖掘大数据技术下隐藏的无限商机，发掘客户的潜在购买力。不断丰富和完善数据采集的载体，更好更快地收集数据。我们要从庞大的数据库中寻找有利的方面，对数据进行归类并分析。在数据的采集过程中，确保精准；在构建数据的模型分析时，确保精细；在提供经营参考时，确保精确。通过数据的帮助，发掘客户的需求，实现更多的商业机会。

最后，希望大家在互联网时代，具备充分的大数据意识，积极收集市场信息方面的数据，并展开有效的分析，发掘客户更多的需求，从而先于行业、先于竞争对手锁定客户的需求，加快营销节奏，实现营销目标。

传统行业抢滩大数据

自从麦肯锡公司提出"大数据"概念以来,意味着大数据时代正在全面到来。如今,数据已经渗透到每一个行业和业务职能领域,并成为重要的生产因素。人们对于海量数据的挖掘和运用,预示着新一波市场重新洗牌浪潮的到来。

时下,很多人一提起"大数据",往往便与一些互联网企业挂起钩来,仿佛大数据是"专属于"互联网行业的事物。其实不然,在大数据形势下,随着消费者的消费习惯在发生着变化,很多传统行业也正在努力适应这种新的市场变化,以及运用大数据技术,从而完成营销的转型。

我们接下来以传统的印刷行业为例,看印刷行业在当今"互联网+大数据"时代的背景下,如何将大数据作为促进自身转型的得力助手。

在很多人看来,印刷厂不过是把油墨印到纸张上,似乎没有处理数据的能力和需求。从整个印刷业的发展情况来看,尽管大数据的应用还没有出现极为成功的经验,但已经在做着积极整合数据的努力。实际上,如果印刷厂能够做到收集起所有客户的印刷品信息的话,那么印刷厂同样可以从中统计出市场潜在的需求。

例如,印制名片的印刷厂可以探知客户群的范围,然后以此为据,去重点开发那些没有印刷名片的行业客户;印制广告传单的印刷厂,可

以通过数据分析，更早窥知市场上什么样的产品在流行，从而及时调整自己的业务方向，并对这些领域的广告传单做出一定优惠，以争得更多的客户和收益。

或许像印刷厂这样的传统行业还没有能力像网络公司那样收集到海量的数据，但是必须培养收集数据、分析数据为己所用的意识和能力，唯有如此，传统行业才可能在大数据浪潮的冲击下，走出一条更好的发展道路，并使得传统行业在营销上不再"传统"。

实际上，在进入互联网时代后，传统行业便已面临很大的冲击。一个典型表现是，天猫、京东、亚马逊等电子商务网站的兴起，已经使得很多线下实体店铺纷纷倒闭。比如，在过去的图书市场，各地遍及很多图书门市；在人们逐渐习惯于网上购书后，传统的图书门市顿显倒闭潮。大数据兴起后，假如企业再未赶上这一次营销技术革新，其结果必然以牺牲市场为代价。因此，很多传统行业都在积极谋求如何搭上大数据营销的快车，实现营销突围。

我们接下来再以传统白酒行业为例。据市场数据显示，截至2015年，我国国内有1.8万多家白酒企业，其中有执照的大约7000家，但是前100家酒企的市场规模占整个白酒行业的90%，也就是说，市场上存在的1.7万多家酒企均是中小酒企，这些众多的中小酒企抢占剩余的10%的市场份额，因而竞争形势异常激烈。

可以说，我国白酒行业中的众多酒企已经进入生死攸关的紧要关头，一旦有所落后，便意味着将被无情的市场竞争所淘汰。当然，大的酒企也并非在市场竞争面前可以高枕无忧，因为在互联网与大数据时代，给了任何企业与个人以弯道超车的机遇。在开放的市场环境下，具有优质的产品、品牌知名度高、营销能力强的企业，会在行业调整期更具优势。

长期以来，由于白酒自身的瓶装特点，一直不被认为是网上交易的理想商品，因此，白酒销售更多的是靠线下渠道。据统计，在2015年，我国白酒的线上销量仅占总销量的1.5%左右，高达98.5%的销量是在线下完成。这同时也表明，我国白酒行业网上销售的潜在市场还十分巨大。

在这种情况下，为了在营销竞争中突围，广大酒企积极学习与掌握"互联网思维""大数据思维"，努力构建线上线下优势互补的营销模式，实现线上交易和线下体验的无缝链接，建立从实体店到数字店之间的"全渠道零售"，提升质量管控水准，已变得势在必行。

从长远来看，线上线下交互的购物模式将成为主流趋势。因此，无论是线上，还是线下商家，只有掌握足够的数据，进而了解顾客的消费习惯，针对消费者的需求，给予顾客最佳的消费体验，才能在"互联网+"时代有所作为。在这方面，如果酒企能够努力促进营销方面的转型，就很有可能把握住大数据带来的商机。

实际上，大数据时代的最大特点就是创新。企业不仅要拥有足够的数据量，还要提升对手中数据的收集、储存、分析、整理与应用能力，只有这样，才能帮助企业更好地运用大数据。比如，一些酒企在酒瓶上打印了二维码，顾客拿起手机扫描一下，就可以随时随地查验每一瓶酒的品名、规格、生产批次、生产日期、销售渠道等信息，同时，酒企可以统计顾客的手机型号、扫描二维码的时间等信息，进一步对顾客群体有个了解，从而使自己对市场的判断更为精准，这其实也是对大数据的运用。

除此之外，酒企还可以通过其他方法收集与整合大数据，比如，酒企可以依托一个大型的酒水门户网站，将自己的全部产品分门别类地录

入该网站，供网友点评；酒企还可以通过微博、微信、百度贴吧以及社区论坛等，将网友中的潜在顾客合理地引流到门户网站；接下来，酒企可以不断地通过线下的品酒聚会，将潜在顾客的交友、文化交流以及酒文化等需求有机地结合在一起，然后通过建立QQ群等网络社群，将潜在顾客吸引到网上；最后，酒企可以建立行之有效的积分商场，让潜在顾客通过点评酒水，来分享心得，甚至改编词条，以获得相应积分，这些积分又可以换取相应的酒水，通过这样的激励，实现网站具有较高的人气。在互联网时代，有了用户规模，就会有市场规模，自然有助于提升酒企的市场占有率。

最后，在大数据时代，传统行业积极融入互联网，充分运用大数据，一定能够更精准、更充分地捕捉客户的需求，实现营销的转型，以及销售业绩的提升。

沃尔玛的"啤酒+尿布"

长久以来，沃尔玛[①]的"啤酒+尿布"组合营销被人们津津乐道，也被认为是早期运用大数据开展营销的典范。

过去，人们普遍认为，啤酒和尿布是两种风马牛不相及的商品，很难产生什么联系。然而，沃尔玛超市在对一年中的销售数据进行盘点和挖掘时发现，在沃尔玛的连锁店中，尿布卖得好的店面，啤酒也会卖得很好。通过对这组数据的深入研究，沃尔玛发现，原来，在以前，美国的妇女通常在家照顾孩子，所以她们经常会嘱咐丈夫在下班回家的路上为孩子买尿布；而丈夫在买尿布的同时，又会顺手购买自己爱喝的啤酒。

这个发现看似很微小，但让沃尔玛迅速做出了营销反馈措施，那就是在沃尔玛的连锁店里，将啤酒和尿布放在临近的地方销售。这样的话，男性顾客在购买尿布时，购买啤酒的概率迅速提升，促进了啤酒的销售，也提升了沃尔玛的经营业绩。因此，沃尔玛的这个营销案例，也被普遍认为是在营销领域，数据挖掘的诞生，即通过对数据进行挖掘和分析，找到不同事物之间的相关性，以更好地促进营销的开展。

如今，沃尔玛能够跨越多个渠道来收集最详细的顾客信息，并且

---

① 沃尔玛，英文名称"Wal-Mart Stores"，是一家总部位于美国阿肯色州本顿维尔市的世界性连锁企业，也是以营业额计算为全球最大的公司。沃尔玛创立于1950年，创始人为山姆·沃尔顿。

能够造就灵活、高速供应链的信息系统。沃尔玛的信息系统的主要特点是：投入大、功能全、速度快、智能化和全球联网。比如，沃尔玛中国公司与美国总部之间的联系和数据便都是通过卫星来传送的，使得整个沃尔玛体系内的信息交流非常快捷。

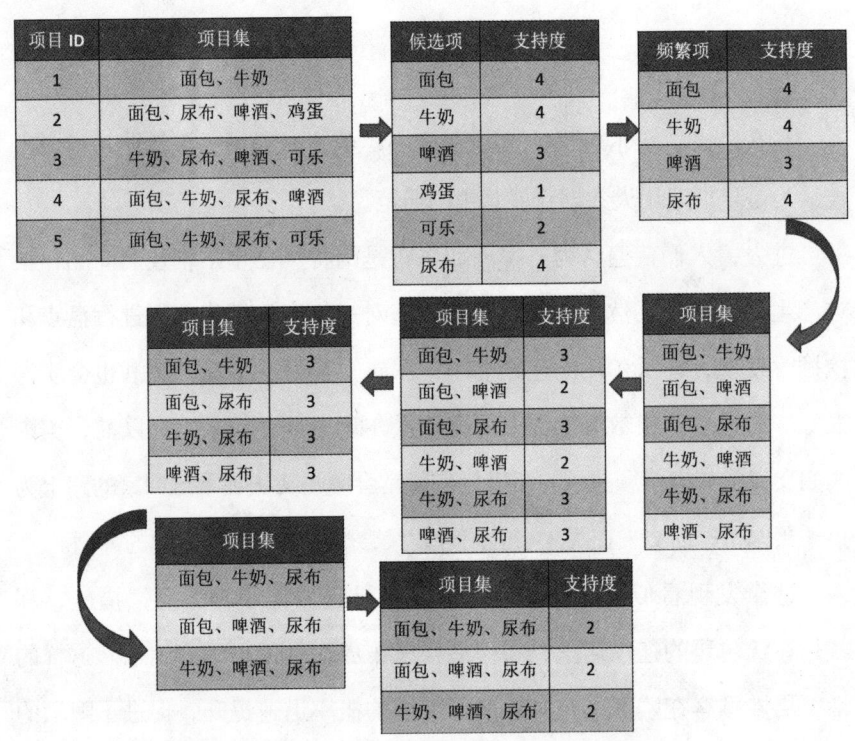

图6　沃尔玛运用数据统计进行关联规则挖掘流程图

现在，沃尔玛美国总部使用的大多数系统，均已在中国得到充分的应用和发展，这些系统主要有存货管理系统、决策支持系统、管理报告工具以及扫描销售点记录系统等。这些技术创新不仅便于沃尔玛管理各个连锁店，还有助于收集和整理各种经营数据，从中分析出更好的市场机会。因此，当沃尔玛每增加一个连锁店时，就会不遗余力地推广和普及这些信息技术。

其实，在沃尔玛通过数据分析，发现了啤酒与尿布在销售方面的关联性之后，持续对其他商品的关联性进行了研究与运用。现在，我们进入沃尔玛超市时，常会发现在各类货架旁边，总会有一些相关的商品在搭配销售。比如，在食品区，我们能看到一些文具盒、便利贴、卡通贴图等商品被摆放在旁边；在儿童服装区，我们可以看到货架的旁边挂着一些小玩具，以及供儿童使用的日常用品等。通过这样的商品摆放方式，有助于强化顾客的购买欲望，从而增加超市的收益。

从沃尔玛的营销案例中，我们可以发现，在这个数据化的时代，数据分析已经成为企业不可或缺的重要环节。企业通过分析数据背后的关系链，可以使得很多看似无关紧要的数据，变成一种营销利器，通过挖掘出客户的需求，也实现了这些数据的价值。因此，在使用大数据的过程中，商家的思维也在转变，这种转变会帮助商家更好地使用数据、创造价值。

沃尔玛作为一家出身传统行业的超市，尚且高度重视对数据的收集、分析和利用，那么，在互联网浪潮中发展起来的电子商务企业更是高度重视大数据的运用。比如，作为一家与信息化距离很近的企业，亚马逊在成立伊始就重视主动收集与分析用户数据，从中挖掘市场机会。

由于人们在网上购物时，首先要做的，通常是搜索商品、对商品进行比价，从而对商品有比较详细的了解，以确定要购买什么样的商品。其实，用户的整个网上购买过程都已被亚马逊记录了下来。在获得用户的这些数据后，亚马逊会以电子邮件的形式向那些有购买意向的用户进行推荐，为用户提供购买的参考意见。此外，亚马逊还可以将用户的浏览过程、购买历史等信息反馈给用户，以辅助用户的购买决策。

同时，亚马逊还会利用用户的数据开展一些营销活动。比如，在儿童节前夕，亚马逊会在自己的网站上发布诸如"儿童节到了，你想为孩子准备什么礼物"的调查，一般来说，参与调查和投票的用户多为有孩子的家庭。于是，亚马逊可以针对这些参与活动的用户，有针对性地推荐孩子们时下欢迎的玩具、图书等，既挖掘了用户的潜在购买需求，还提升了亚马逊网站的销售额。

此外，随着LBS[①]技术的广泛运用，亚马逊不仅想办法收集用户的身份特点、对产品的喜好等数据，就连用户的IP地址也在收集之列，然后根据用户的IP地址，确定用户所在的地理位置，并据此判断用户住址周围的书店分布情况，比如，某个区域的用户经常在网上购买图书，那么，是否意味着用户住处附近的实体书店较少？通过这样的数据分析，可以帮助亚马逊判断所处的市场环境，以及线上和线下竞争对手的强弱等。

可以说，当今社会已经处于一个数据化的时代，我们每天都是数据的生产者，都在为大数据贡献着来自一个点的数据，这些分散的数据积沙成塔，构建起了大数据。同时，我们每天又都生活在各种基于大数据运用的场景之中。

我们需要具备的一个思维是，数据绝非一个个枯燥而独立的数字，而是在背后存在着密切的关系，这种关系需要我们去挖掘和分析。因此，在进行数据分析时，我们要学会联系和整合，让原本看似没有意义的数据成为有价值的参考资料，从中理出各个数据关系链的多样性。

---

① LBS，英文全称"Location Based Services"，即"基于地理位置的服务"。

其实，无论是沃尔玛，还是亚马逊，抑或是其他更多的营销案例，都在努力地挖掘数据之间的关联性。正是这种关联性，使得大数据并非是一堆杂乱无章的数字，而是一个相互联系的数据集合。在这种数据关联性的基础上，大数据成为我们持续挖掘客户需求的无尽宝藏，并推动我们的营销工作不断前进。

"互联网+大数据"思维

在互联网蓬勃发展的同时,大数据也闯入了人们的视野,进一步将信息时代推向高潮。如今,我们不仅需要具备互联网思维,还要具备大数据思维,从而促进各行各业的更好发展。在这种情况下,人们又逐渐提出了"互联网+"的概念,通俗来讲,"互联网+"意味着"互联网+各个传统行业",这并非是二者简单的相加,而是利用信息技术以及互联网平台,让互联网与传统行业进行深度融合,从而创造新的商业生态环境。

在互联网时代,数据无时无刻不在产生和运用着。比如,网民的每一次注册与登录行为、在网上的点赞与评价行为、购物行为等,均会产生数据。可以说,互联网本身就是产生大数据的一个重要源泉。

我们之所以提倡互联网思维,是因为人们把越来越多的时间都留在了网上,包括利用互联网沟通、交流、学习、办公、购物等。因此,企业在营销中要想找到客户,就注定了企业不能回避互联网,而应必须具备互联网思维,而且是打通各个互联网平台的思维,进而最大限度地整合互联网资源。

同时,随着互联网技术向纵深方向发展,互联网中的海量数据所蕴含的价值日益为人们所重视,实际上,我们前面已经多次提到,对这些海量数据的挖掘与分析，有助于我们深入地发掘客户需求，从而更好地指导企业的营销工作。所以，我们在重视互联网作用的同时，也要高度重视和运用大数据的价值。

对于很多传统行业来说，互联网与大数据的到来，并没有改变人们对诸多传统行业的需求，只是更换了一种购物平台、体验方式等。比如，人们过去买衣服，要到服装商场去购买，在互联网时代，人们在电子商务网站上就可以轻易地买到。

互联网的普及，进一步降低了商家的运营成本，在很多商家加入网店的同时，网店面临的竞争压力也随之增加。所以，企业在现实经营中的竞争舞台，很大程度上转移到了网上。在当今"买方市场"的情况下，谁赢得了客户，谁就能更好地发展起来；谁失去了客户，就意味着谁失去了市场。基于此，企业要进一步挖掘营销的服务价值，持续改善客户的满意度体验。

为做到这点，大数据就派上了重要的用场。我们前面介绍的沃尔玛、亚马逊等企业的做法，均是在挖掘大数据的价值，从而使自己具备更好的服务客户的能力，进而留住客户，保持甚至扩大自己的市场份额。

可以说，当今的互联网技术，无论是从底层的通信硬件支持，还是网络应用软件产品，均已很丰富，甚至不同的网络应用软件之间都在面临着激烈的竞争。比如，"滴滴打车"与"快的打车"的竞争，"美团网"与"大众点评"的竞争等，竞争的双方甚至不惜斥巨资在进行争夺用户的努力。当然，在2015年，传出"滴滴打车"与"快的打车""美团网"与"大众点评"等竞争对手合并的消息，在某种程度上反映了这些竞争对手整合各自数据资源的共同需求。正是从这个意义上，才有人提出"互联网进入大数据时代"。

实际上，在互联网技术高度发展的今天，企业的竞争已经更多地表现为对数据运用能力的竞争。比如，在天猫、京东、亚马逊等电子商务网站上，如何给用户提供更好的使用体验，更加精准地给用户推荐最适合的商品组合等，已经成为这些电商企业共同的追求。

从互联网的发展史中，我们不难看出，从联系平台到浏览平台，到交互平台，到工作平台，互联网始终在不断发展中前行。现在，随着互联网的不断发展，已经逐步进入大数据时代，城市数据、企业数据、医疗数据、网站数据成为我们虚拟与现实生活中的重要组成部分。

从规模上来看，大数据是持续变化的，这些变化的数据信息里面，已经隐含了市场上客户需求的变化，只是这些变化信息，我们需要从数据分析中才能确切地得到结果。在从大数据中推测出事物发展的趋势时，这种新生的业态显然会使我们的工作更轻松、经济更活跃、生活更便利。

当前，在我国的网购规模中，60%是对实体店购物的替代，40%是由于购物方便和商品种类丰富等原因而新增的购买量。在支撑用户庞大的购买行为中，大数据所促进的销售，显然不可低估，因为大数据能够通过技术的手段，在更大范围内探知顾客的需求，从而培育且产生了顾客的购买行为。

另外，大数据还能够提供咨询服务。比如，美国硅谷有个专门研究气候的公司，它从美国气象局等部门的数据库中获得几十年的天气数据，将各地的降雨、气温、土壤状况、农作物产量做成精密的图表，从而预测各个农场的来年产量，并以此为据向农户出售个性化的保险，最后取得了良好的经济效益。

大数据的运用是十分广泛的，在我们的生活中便有很多体现。据统计，在2013年，仅北京市的公交一卡通每年就能产生4000万条刷卡记录，通过分析这些数据，有助于优化设计城市的公交路线，改进交通服务，提升市民的满意度等。

因此，我们说，互联网的快速发展产生大数据，大数据又反过来驱动互联网各类应用的加速演进。在可以预见的未来，通过对大数据的充分挖掘，将产生更多新的应用，也将催生更多新业态的出现，并为企业的营销工作提供更多的思路。

可见，互联网与大数据的深度融合，在掀起着一场思维变革。这种思维变革重点体现在三个方面：一是改变了小数据时代的随机采样，避免了小数据时代"以偏概全"的不足，开启了人们市场研究中的全数据模式，即"样本=总体"，我们所具备的信息技术，已经允许我们对海量的数据进行全部的储存与分析；二是在精确性的基础上，我们日益发现数据分析结果的复杂性，即数据分析的结果，不再是单纯地体现一个目的，而是呈现出多个结果，这更符合事物复杂性的本来特点；三是我们不再拘泥于必然的因果关系，而是探知事物之间的相关关系。

营销工作通常是比较复杂的，尤其是在网络营销中，用户的需求也是在不断发生变化的。比如，用户原打算考虑到节约用车成本的因素，打算购买一辆电动汽车作为交通工具，但是通过搜索信息后得知，电动汽车的续航能力相对来说比较短，而且充电时间可能还会较长些，在这种情况下，用户可能会改变购买决定，转而打算购买一辆传统的、以发动机为动力装置的汽车。这时，企业如何在互联网平台上根据对用户信息的收集，以及用户的搜索行为，为用户提供可供参考的电动汽车以及发动机汽车信息，提升营销的智能性，进而充分地满足客户的需求，就

成为一个非常有营销意义的课题。当然，要想做到这一点，对大数据技术的运用肯定是必不可少的。

最后，在我们的社会进入"互联网+大数据"时代的背景下，企业既要一方面夯实与丰富互联网思维，还要尽快地研究与熟悉大数据营销的操作方法，从而尽享信息科技进步带给企业的福利。

电商玩的就是大数据

电子商务在我国发展十几年来，几乎已经彻底颠覆了传统的商业模式。现在，对于一个企业来说，做生意不选择电商，已经成为一件让人很难理解的事情。据新浪公司早在2013年的一份专稿中显示，我国97.9%的企业认为数据分析对于电商运营很重要。"大数据"的意识正在电商企业中普及，与此相对的是，有超过半数的电商企业认为自身的数据分析能力欠缺，需要进一步强化这方面的能力。可以毫不夸张地说，做电商，玩的就是大数据。

对于电商从业者而言，数据的搜集、整合、洞察应该具备一套专业严密的方法体系，电商从业者要意识到，每一笔交易、每一次输入都是数据，通过计算机做筛选、整理、分析，所得出的并非简单、客观的结论，而是能够有助于企业经营决策，从而引导与激发出更大的市场消费力量。

我们要明确的是，市场、行业、运营是三位一体的。因此，我们要能够真正地把握垂直市场的消费诉求，精准地跟踪行业动态，力求在市场前沿，整合渠道、资源，精细化运营，追求利润的最大化。要实现这些目的，往往需要通过有效的数据分析，才能将市场需求、行业变化、竞争对手动态等信息具体化。

我们不妨再以淘宝平台为例，淘宝的大数据可以涵盖淘宝商家公开

的成交单价、成交笔数等信息，只要抓取这些海量数据，经过云处理①分析、计算，就可以为店铺运营者提供包括产品、品牌、行业、竞争店铺等多维度的市场信息数据，通过专业的数据分析，可以帮助企业解读数据背后的市场机遇，甚至可以通过挖掘数据的潜在价值，来对企业的经营策略做出指导。

我们接下来举一个例子，从一个淘宝创业者的视角来看大数据的运用。假设该创业者准备开一家专营汽车配件的淘宝店，开店之前最为关心的理应是选货以及进货量了。根据数据显示，从行业维度来看，在淘宝"汽车用品/配件/改装"分类下，排名第一的子分类是"汽车用品/内饰品"，品牌共计近2.8万个，全网产品数量已近57万个，月成交近77万笔，成交总额更是高达4.84亿元人民币。从这些直观数据中可以看到，汽车配件内饰子行业的品牌众多，目前，市场并没有形成高占比或垄断性的品牌。

在此情况下，该创业者需要考虑的就是根据投入成本，衡量是开设天猫店、打造"汽车配件/内饰"行业的领军品牌，还是主打某一子分类产品的淘宝店了。在这里，该创业者相对于淘宝平台而言，便是淘宝平台的用户、客户，那么淘宝平台上的大数据，就有助于开店用户更确切地分析自己的需求，进而做出决策。

接着，再从品牌维度来看这些数据，便可知晓汽车用品大分类下，每个月的品牌销量排名，以及在该分类下的品牌市场份额占比，对指定的品牌从成交额、市场占比趋势、店铺数量等维度进行走势分析，从而给淘宝创业者提供有益的参考。

---

① 云处理的核心是远程的大型服务器，该服务器由相应云软件的运营商提供，在远程用云服务器对用户云软件发出的计算要求进行处理和计算，并把结果发回用户电脑，减少了个人电脑的负载，将复杂化、系统化的运行过程都交给远程服务器来运行，使用户个人电脑的性能得以节省。

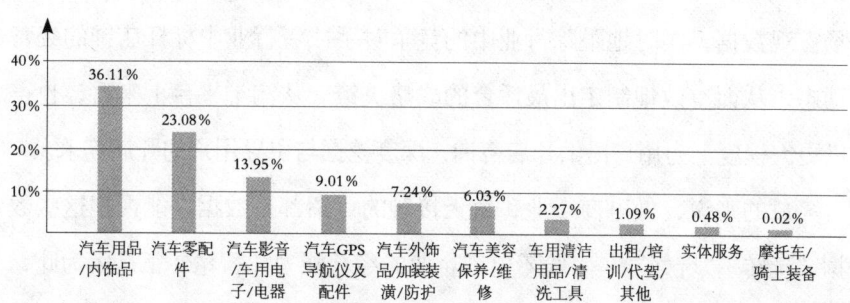

图7 淘宝平台汽车配件行业子分类占比统计图

另外,从店铺维度来看,淘宝创业者还可以获取汽车配件大分类下的店铺排行榜数据,从而使其获悉所关心的店铺每月及昨日的估值排名,甚至可以具体到各细分店铺,以及店铺内的热门商品,并对店铺的属性做抽取,从而对其行业排名、店铺估值、成交额的变化趋势等做出分析,便于淘宝创业者更好地认识市场形势。

再者,通过商品维度下的商品热销排行榜,淘宝创业者还可以获得指定商品的成交笔数、成交额的行业比较、变化趋势分析等,具体包括商品价格的波动、成交量与成交额的波动走势等指标,进而了解商品在市场用户中的接受度等。

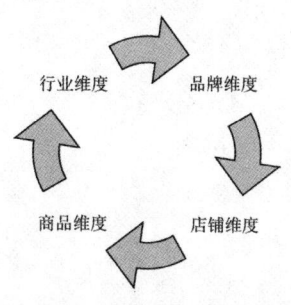

图8 淘宝创业者要考虑的4个维度

通过对这4个维度的数据分析，便可直观地帮助准淘宝创业者了解市场宏观数据，实时地跟踪行业中的竞争对手或者行业中标杆店铺的经营动态，从而有效地制定出最适合的战略决策。从淘宝平台上来看，也得以更大程度上为用户提供开店咨询，深度挖掘与引导用户的开店需求。

总的来说，做电商企业，每天接触的可谓都是数据，能否把这些数据"玩转""玩好"，考验着电商企业的经营能力和智慧。正是因为此，很多电商企业才认为，对数据的收集和分析运用能力，正在成为电商企业的核心竞争力。实际上，作为电商企业，先天便具备应用大数据的优势，因为电子商务本身就是各类营销数据的汇总，电商企业要做的是，进一步通过大数据应用，实现个性化、精确化和智能化广告的推送与推广，更深层次地把握顾客需求，创立性价比更高的商业模式，促进企业营销的升级与进步。

第四章
广告智能化的幕后推手

☑ 解读新浪微博"橱窗"
☑ 广告推送智能化
☑ 爱奇艺的视频广告
☑ 大数据让你知道你是谁
☑ 大数据下的隐私保护

解读新浪微博"橱窗"

早在2012年时,新浪微博的用户数量就已突破5亿,但庞大的用户数并未给新浪网微博带来相匹配的收益,据统计,2012年新浪微博的总收入仅为6600万美元,却耗费了1.6亿美元的支出。几乎与此同时,腾讯的微信在短短两年内用户数就突破4亿,给当时的新浪微博带来不小的压力。为此,新浪微博也加快了商业化的步伐,以解决资金方面的需求。

于是,在2013年时,新浪微博与淘宝合作推出的"橱窗推荐"功能开始正式上线,每天会在新浪微博的用户信息流中推送约3～5条商品展示橱窗。该项技术是利用大数据对用户浏览习惯进行分析,从而达到广告定向推送的目的。

具体来说,便是当新浪微博用户所发布的微博中,含有淘宝店铺中的商品页面链接时,新浪微博的下方会自动出现"橱窗推荐"的模块,用户点击进去,就会进入更加丰富的淘宝产品展示页面。

其实,对于淘宝网来讲,新浪微博上的"橱窗"无异于淘宝的又一个入口,增加了淘宝网上商品的展示渠道以及向受众推广的机会。对于新浪来讲,相当于开辟了一个新的财源,通过"橱窗"广告的收益,一定程度上改善了经济处境。

正像很多营销方式都有一个完善的过程那样,新浪微博的"橱窗"广告在智能性上也在日趋完善。

据统计,有70.4%的新浪微博用户愿意接受微博中关于服饰类商品的购买建议,也希望看到微博"橱窗"中的电商网站上的商品信息。无论男性用户还是女性用户,均更容易接受服饰、图书、IT 数码产品的购买建议;有35.9%的用户将微博等社交网站中的信息,作为自己购物信息的来源渠道之一,这也引导着更多商家加入社交网络宣传中。此外,在新浪微博用户中,对微博中提供的"打折促销"的电商网站商品信息,约有85%的用户表示愿意接受此类信息。可见,新浪微博中"橱窗"广告,总体来说,如果能够运用大数据技术做得更加智能化,在受用户欢迎方面,还是可以大有作为的。

在新浪微博推出"橱窗"广告后,位于微博底部的广告通栏,除了用来展示商品,又开始出现多个关键词和标签,只要用户点击关键词进入后,就会直接跳转到阿里巴巴的一个营销平台"亲淘宝",并获得更多的相关购物信息。

目前,新浪微博底部的橱窗广告主要分为两种,一种是展示类广告,其广告主基本以天猫旗舰店为主;另一种是热卖推荐,根据用户以往在淘宝的浏览记录,推荐多款相关产品。上述的关键词和标签是出现在第二类热卖广告中。

在第一类广告中,当用户点击图片广告时,会先进入一淘网[①]的促销页面,然后,用户可以根据兴趣来选择相应的商品页面。

[①] 一淘网立足淘宝网丰富的商品基础,放眼淘宝全网的导购资讯,其主旨是解决用户购前和购后遇到的种种问题,为用户提供购买决策,更快地找到物美价廉的商品。

相比较而言,"亲淘宝"可点击的入口更多,除了商品展示外,还会有更多细分的标签供用户选择;同时,用户还可以在亲淘宝上找到类似的或可搭配的相关商品。因此,亲淘宝提供的营销精准度更高,用户的选择性也更强些。

其中,"亲淘宝"(qin.taobao.com)是淘宝站内的一个导购促销平台,以服饰、家居、数码、日用百货商品为主,根据编辑推荐和关键词搭配进行商品筛选,成为淘宝卖家投放广告、站内引流的重要入口。

总之,新浪微博上推出一系列广告,在为一些电商网站提供网络流量入口的同时,也增强了其自身的电子商务性。新浪微博依据海量的用户,在用户之间通过分享经验等形式,采取多种方式进行广告推送,并在精确性和智能化方面不断迈进,其中一个重要原因在于,新浪微博运用大数据的能力不断增强。我们接下来看大数据究竟怎样促使广告推送更加智能化。

广告推送智能化

借助大数据分析应用的"互联网精准投放广告"业务，已成为近几年网络的重要盈利模式，也真正成为我国广告行业自诞生以来，一次具有"革命"意义的技术突破。与传统的广告业务相比，大数据下的广告显得更加智能化。举个例子，你过去在打开一个网页时，本来对汽车丝毫不感兴趣的你，却看到了一幅豪华汽车的弹窗广告。这种情况下，你或许会忙不迭地关闭广告页，并感叹"这广告真烦人"。于是，这样的广告硬性推送，不仅难以达到预期的营销目的，可能还会引起顾客的反感。

在当前的买方市场情况下，各企业无不在积极争取提升顾客的满意度，这就要求企业在投放广告时，必须要考虑顾客的实际情况，有针对性地投放，并且尽可能不引起顾客的反感。可以说，在大数据技术兴起后，这个问题得到了较好的解决。

正如一些营销专家所说的，传统的广告投放模式下，至少有一半的广告费都被浪费了，因为有很多看到广告信息的人都不是目标客户；同时，这种盲目投放的广告，甚至不利于企业培育市场。

因此，与过去机械地、重复地跟进用户浏览电商网站痕迹的方式不同，基于大数据的广告在向着"猜透用户心思"的方向不断努力。比如，假如用户甲只是浏览商品的信息，没有进行任何后续动作，基于大数据的广告推送系统会给用户甲推送品牌信息,而非是具体某款商品的广告,从而使用户甲了解该商品的品牌,相当于为品牌培育市场;第二位用户,即用户乙除了浏览商品信息外,还把商品放到了自己的网站购物车里,但最终没有下单支付,那么系统会给用户乙推送优惠券、打折信息,促进用户乙下单结算;对于浏览商品信息、将商品放入购物车并最终成功支付的用户丙,系统才会在以后持续为用户丙推送一些同类的新品信息。

显然,这样的广告要比原先那种机械推送的广告更加智能,所推送的广告信息也更加符合用户的需要,因而会给用户带来更好的体验。有了大数据技术做支撑,企业在做广告时,也更能得心应手。

图9 大数据让广告推送更加智能化

比如说,一家企业有这样的广告营销需求:"我有10万元预算,想在3000名20岁到35岁、月收入在8000元到12000元、对时装感兴趣的女性用户面前展示我的产品信息。"

对于企业这样的营销需求,若是按照传统的做法,可能需要大量人员去进行调研,但即便这样,结果也未必能够达到广告主的要求。而在大数据时代,可能仅需几名大数据挖掘人才、几台服务器就能将这个问题搞定。从这个角度来看,未来的广告行业会发生重大的变革,那些没有能够融入大数据时代的广告公司,有可能被淘汰;同时,那些擅长大数据技术的公司,可能崛起为新的广告技术服务商。

在大数据环境下,我们每天在上网过程中均会产生一系列数据,而这些数据在很大程度上会暴露我们的生活习惯、爱好等信息,广告推送系统会将这些信息及时反馈给广告主,也便于广告主实时了解营销机会。举例来说,假如你是一个香水爱好者,那么当你准备进入某视频网站去看视频时,在你输入网址、按下回车键或者在网页上按下点击键的一瞬间,"一个香水迷要看这个网页了,这个网页上有一个闲置广告位"的类似消息便迅速传到了一些香水广告主那里。

这时,在用户登录的网页上,一场仅0.1秒的广告"拍卖会"就开始了。在这过程中,广告系统会根据各广告主对这个广告位的竞价,来决定这个广告位的归属。对于广告主来说,也为自己的产品或品牌获得了一次展示的机会。这个过程经由大数据技术,在广告系统内完成,从整个"广告拍卖会"开始到"成交",不过0.1秒的时间,也就是在打开网址、并缓冲的、那一眨眼的瞬间就完成了。这个广告竞价的过程,上网用户一般不会察觉,但在大数据的服务器端却进行了复杂而高速的运算。

那么,一些广告推送系统又是如何做到这一点的呢?一个重要原因是,网民在上网时,往往会在自己的电脑上留下一系列cookie信息,基于这些信息,广告推送系统可以掌握广大网民的上网习惯。

cookie是个计算机领域的术语,通俗理解起来,一个cookie就代表了一个用户在某个浏览器上的浏览"足迹"。你打开了哪个网页、在一个网页上停留了多长时间、进行了哪些操作,这些痕迹都会被一个cookie记录下来。当一个人的cookie被收集时,一些广告推送系统将会根据浏览记录给用户标上"汽车迷""财经迷"等标签。

比如，我们曾经在一个广告推送系统的网民数据库后台页面，随机抽样了这样一条cookie，数据表上显示：男，19岁到24岁，活跃地点南京，学历本科，感兴趣的领域包括豪华型汽车、时事新闻、股票信息。在这样的cookie，虽然网民的全部"足迹"信息都以匿名形式存在，并不能通过cookie去识别具体对应的是哪个人，但这足以帮助企业进行有针对性的智能化营销。

当然，我们在理解了上述广告推送的运行原理后，在不奇怪于广告推送更加智能化的同时，可能还会想，广告竞价所需的时间非常短，仅0.1秒，那么，众多的广告主企业应该怎样参与广告竞价呢？实际上，广告主完全不用劳心劳神地盯着竞价系统，所需要做的，仅仅是将自己的出价方式、最高出价水平等规则预设入广告平台，如"我愿意为一个30岁到40岁的男性汽车迷用户浏览一次我们的广告付出5元广告费"，这样的话，一旦其目标消费者出现，那么出价、广告位竞拍成功等一系列工作，均会由运营广告的后台系统自动完成。

这种基于大数据的广告竞价营销方式，相对于传统的广告营销方式来说，将营销信息推送给顾客的成本，更加可控，由于所推送的广告，恰是对该领域感兴趣的顾客，因而会更加引起顾客的关注。所以，广告智能化是智能化营销体系中的一个重要组成部分，也是市场上广受关注的营销词汇。在这其中，起到很大技术保障与推动作用的，便是大数据。

爱奇艺的视频广告

我们对电视广告并不陌生,尤其对以往看电视剧的时候,频繁地插播广告的经历更是记忆"深刻"。的确,我们难以忘记,每次在看到电视剧的一些精彩情节时,突然会插播一段广告。本来,企业花钱做广告,肯定是为了起到好的作用,但实际上,就在用户看电视的雅兴被打断时,那些插播进来的电视广告,有很多甚至引起了用户的反感。在这种情况下,企业花钱做的电视广告,在效果上肯定要大打折扣;同时,一些电视台的形象也会在这种轮番播放广告的过程中受到不佳的影响。

与传统的电视相似,在网络视频领域也不能没有广告,因为有了广告收入,那些视频网站才能更好地生存和发展。我们要考虑的是,视频与广告怎样才能建立起来和谐的关系,才能让用户喜欢广告,并持续忠诚于视频平台?我们相信,很多视频网站都希望能够解决这样的问题。

我们在此以国内一个著名的视频网站爱奇艺为例,了解当前网络视频广告在大数据时代的发展情况。作为一家有着较强影响力的视频网站,爱奇艺懂得了解自己的用户很重要,一般来说,用户希望看到流畅、清晰的优质视频内容,希望广告"尽可能少些"。

实际上,用户真正讨厌的并非广告,而是厌烦与自己无关的广告。比如,一个希望购买汽车的用户,那么在看到汽车广告时,在其眼中,

看到的可能是辅助自己做出购买决定的参考信息；对于没有房屋装修需求的人来说，装修类的广告可谓与自己无关，自然不愿这样的广告占用自己的时间和精力，但对于有装修需求的人来说，装修广告就是有用的信息了。

所以，如何为用户推送精准的广告，增强广告推送的智能性，便是爱奇艺自诞生以来长期关注的问题。为了解决这个问题，爱奇艺积极地运用着大数据技术。

比如，在爱奇艺每天产生的数据中，爱奇艺会去了解哪些视频内容深受用户欢迎，以及爱奇艺的用户群体、广告主群体等信息。一般情况下，爱奇艺的大数据来自这样两个方面，一是视频流量，二是用户的信息。

面对传统的电视广告，电视端的用户选择视频内容通常只有一个方式，那就是当播到一个不喜欢的频道时就换频道，但却没有一种方式来表达对这个视频内容更深层次的交互和喜恶。

当用户在互联网上看视频的时候，可以通过选择快进、快退或点喜欢、不喜欢，来表达自己观看视频时的感受，用户与视频有了更深层次的互动。所以，相比于坐在电视机前看电视，用户通常更喜欢看视频。根据网络用户所具备的该特点，爱奇艺可以判断在一个视频中，哪个片断是用户喜欢的，可以根据用户的跳过、向前的拖拽来了解用户对哪些内容是不关心的，还可以通过用户在视频下方发表的评论来了解他们对整个视频的喜恶。

同时，爱奇艺还与百度联合，了解用户在百度中的搜索行为，在百度平台上的基本数据信息，比如在百度贴吧发过什么帖子、视频，或者说在爱奇艺看完广告以后有没有回到百度去搜索等。所有的这些数据给爱奇艺提供了一个大数据的基础，从而使爱奇艺可以进一步分析与了解真正的用户行为，以便使自己提供的广告推送服务更加精准和智能。

由于爱奇艺的积极努力，早在2013年时，爱奇艺便已有了2.5亿的注册用户，在国内使用过爱奇艺视频服务的网民多达5亿，爱奇艺所有的用户每月花在爱奇艺上的时间超过12亿小时。可以说，用户在一个网络平台上停留的时间越长，说明对该平台的黏性越强，而时间越长，这些网络平台上的营销机会就会越多。

同时，爱奇艺还有自己的视频搜索，并且正在覆盖全网络。现在，用户可以在爱奇艺平台上找到全网的数据，用户看一个广告的时候可以点喜欢或不喜欢，也可以中止观看视频，这些行为数据，又能够使爱奇艺进一步判断用户喜欢什么样的广告和视频内容。

爱奇艺认为，在大数据时代下，自己首先要做的，是真正全面地了解自己的用户。在此基础上，尽可能不给用户发送与用户毫无关系的广告，而是发送给与用户有关的广告。正如我们前面所说的一个观点：用户并非一概排斥广告，而是排斥与自己无关的广告。

另外，爱奇艺也深深地懂得，作为一个视频网站，自己吸引用户的最有力工具，便是能为用户提供真正让用户喜欢看的视频，只有这样，爱奇艺才能维持和发展更高的人气。在长期的研究中，爱奇艺发现，用户在不同的时间、不同地点，所喜欢的视频也是不一样的。比如在中午，用户通常喜欢看短视频，在移动过程中也会倾向于看短视频。但是，在中午或移动的时候，应该给用户推荐什么样的短视频，在晚上静下来时又该给用户推送什么样的视频？能否做到这些，事关用户的满意度体验，也是爱奇艺长期关注与研究的问题。因为一个网站平台只有让用户深深地感到，这个平台很懂得自己、理解自己，那么对于这个平台

所推送的信息，也才会用心去看和关注。

总之，爱奇艺从2010年4月正式上线以来，由于积极运用大数据技术，无论是用户保有量，还是广告收益，均在迅速增长。再者，由于爱奇艺给用户带来的良好体验，爱奇艺推出的VIP服务，也被越来越多的用户所购买。据统计，截至2015年7月，爱奇艺在PC端的用户每月达3.25亿，持续领跑视频类网站，爱奇艺的VIP会员观看网络电影的流量也几乎成为天文数字，在爱奇艺平台上打造的《奇葩说》《盗墓笔记》《我去上学啦》等视频节目获得了极高的收视率，爱奇艺也成了众多企业投放广告的一个重要平台。

第四章　广告智能化的幕后推手

大数据让你知道你是谁

早在2015年初的时候，微信朋友圈广告的亮相，引起了很多人的关注。人们之所以如此关注，是因为微信推送出去的朋友圈广告，能让收到广告信息的用户知道自己究竟处于"什么位置"。当时，微信投放的首批朋友圈广告，包括的品牌有宝马中国、Vivo智能手机和可口可乐。

之后不久，多数微信用户在浏览朋友圈后表示，收到了部分广告推送。据一些网友反映，微信通过朋友圈分析，那些被认为买得起iPhone 6的用户，是收到的是宝马广告；买不起iPhone 6、但买得起小米的用户，收到的是Vivo智能手机的广告；连小米甚至红米都买不起的用户，收到的是可口可乐的广告。也就是说，通过大数据分析和挖掘，微信能够判断出一个人的经济收入水平，从而让一个人更直观地"认识自己"。

当然，也有网友指出，微信这次投放的朋友圈广告，是在对用户社交大数据分析的基础上进行投放的，其中，在青少年的朋友圈里集中投放可口可乐品牌广告，城市白领的朋友圈里集中投放Vivo品牌广告，科技新贵和高级白领的朋友圈里投放BMW品牌广告。

在微信的这次朋友圈广告之后，人们开始议论，腾讯微信的大数据都有哪些来源，为何能够达到广告信息的智能化推送？实际上，立足于社交网络的腾讯,具有海量的数据来源。比如,仅微信就有近10亿用户,而且积累了近4年的数据,此外还有QQ、腾讯云等,可以说,腾讯根据其目前掌握的关于用户的信息,可以清楚地判断出一个用户的身份。在这种情况下,微信能够做到广告智能化也就不足为奇了。

图10 微信的朋友圈广告

我们接下来具体了解与分析微信的数据来源,便于我们对微信这一极其重要的互联网巨企有更深的了解。实际上,我们以微信在朋友圈中发布宝马汽车的广告为例,微信的数据来源有这样10个。

(1)关注的公众号类型

很多微信用户,都会关注一些公众号,以便于获得这些公众号的信息,实际上,一个用户所关注的公众号类型,与该用户的经济状况、文化水平状况等多种信息有关。比如,有些用户关注的公众号与宝马品牌切合度较高的,比如高端时尚类公众号、奢侈品类公众号、金融类公众号、科技类公众号等,这些信息显然会在给这些用户发送宝马汽车广告时,会予以参考。

（2）关注汽车品牌类的公众号，而且是近期关注的

对于这样的用户，很可能是汽车爱好者，或者是近期打算购车的用户。

（3）在朋友圈内阅读汽车类图文消息的频次

一般来说，营销当中，培养用户对产品的正确认识是一个重要的环节，假如用户已经在阅读和了解产品相关内容，显然是正在为相应的购买行为做准备。

（4）朋友圈互动频繁，且有动作是与汽车相关的

在朋友圈内与朋友互动频繁，说明这样的用户具备一定沟通和动员能力，如果将广告信息发送给这样的用户，有助于营销信息的推广。另外，用户在朋友圈内与朋友互动时，同汽车有关，说明起码可以作为潜在客户，或可以利用的力量。

（5）直接在朋友圈发布或者聊天中出现汽车信息的

对于这样的用户，显然对汽车不陌生，而且乐于看到汽车市场的有关信息。因此，把宝马汽车广告发送给这样的用户，一般不会引起用户的反感，甚至会被用户视为有益的市场信息，从而对微信的及时发送产生好感。

（6）搜索过汽车类关键字

有些微信用户在搜索引擎中搜索了汽车类的关键字，说明这些用户是主动出击去了解汽车类产品信息的。这样的话，微信主动把宝马汽车的广告信息推送过来，为用户提供了便利，有助于让用户产生"微信懂得自己需求"的心理认知。

（7）点击过腾讯平台上与宝马品牌相关广告的

用户主动点击宝马品牌的广告，说明用户对宝马的广告信息是持主动了解态度的，对于这样的用户，将宝马汽车的广告发送过去，一般都

会使用户乐于接受。

（8）在与汽车相关地点有过LBS信息的

这样的用户一般是参加过车展，或到汽车4S店看过车，对一些品牌的车型有过若干了解，一般对各车型的价格也会有不同程度的关注。因此，微信把宝马汽车广告发给这些用户，一定程度上满足了这些用户对汽车产品知识（包括价格、促销信息等）了解的需求。

（9）微信号与QQ号或手机号关联，在腾讯大环境中有过动作的

微信是腾讯缔造的一个大的社交网络环境中的一个重要平台，在腾讯的大平台中，微信可以借助腾讯其他领域的信息，从而深化对用户的认识。

（10）在微信账号授权登录的其他第三方应用中有过动作的

我们平时在登录一些第三方应用软件时，有时会看到若干提示，如"是否允许使用微信账号登录"等，这些数据信息都会被微信记录下来。假如用户使用自己的微信账号登录过一些购车的应用软件，那么显然，这部分用户对收到的汽车广告，通常不会反感，甚至对其来说是有用的信息。

总之，无论是掌握海量社交大数据的微信也好，还是阿里巴巴、百度等平台也好，这些平台给用户发送仿佛能够"一眼看穿"用户，并让用户也对自己"有所认识"的信息，关键是背后的大数据在发挥着作用。其实，这种智能化的广告运用，可以给商家的营销工作带来很大便利，并极大程度地提升企业的营销效率，有着广阔的应用前景。

大数据下的隐私保护

在大数据给我们的营销工作带来极大便利的同时,我们还需要考虑一个问题,那就是:凡事都具备两面性,当大数据已经深入到我们生活中的点点滴滴时,意味着我们的很多个人隐私,也都被大数据以数据的形式予以收集,并被一些企业运用于营销当中。那么,我们的个人隐私,在大数据时代,又该怎样获得有效的保护?

当前的互联网经营模式已经进入"数据为王"的时代,那些与用户关系密切的精准广告、智能广告的投放,无不是广告商、广告发布者或广告主通过现有数据分析,"推算"出用户现有或潜在的消费意向,对特定的用户推送特定的广告。诚然,这些智能化的广告给用户带来了便利,但也无形之中侵犯着用户的隐私。

一般来说,认为大数据精准广告,甚至智能广告涉嫌侵害用户隐私权的观点,主要是基于智能广告来源于对特定用户数据的分析。那么,对企业而言,究竟是否应该进行智能广告的尝试,或者说使用智能广告是否会侵害用户隐私权?从行业的研究来看,我们在进行的智能广告尝试和努力,是符合互联网与大数据发展趋势的,智能广告不但没有侵害用户隐私权,反而符合为用户提供个性化服务的宗旨,有助于朝着企业和顾客达到双赢的趋势发展。

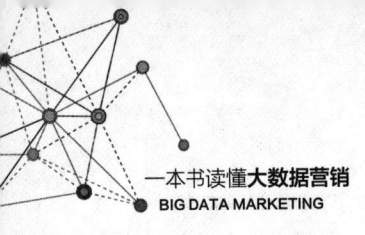

首先，企业追求的智能广告与侵害用户的网络安宁权并非同一概念。用户的网络安宁权，这一概念最初来源于欧洲，包括美国在内的很多国家也都把保护用户上网安宁，避免被过多商业广告打扰的权利写入法律之中，德国甚至还成立了专门的政府部门来监督此事。我国对网络安宁权的引入时间较晚，在2012年时，我国最大的微博社区新浪出台实施"微博社区公约"，里面首次明确了用户享有网络安宁权，任何人不得非经允许向其发送商业性的广告。随后，全国人大常委会在《关于加强网络个人信息保护的决定》中，也将保护用户的网络安宁权写入其中，这反映出我国对保障用户网络安宁权是很重视的。

从表面上看，智能广告的发送与损害用户网络安宁权的行为有些相似，但二者并非同一概念。前者是指广告内容与用户类别具有对应关系，后者则是违法向用户直接发送广告的行为；前者表现方式大都为浏览页面广告的特殊化处理，用户不会被额外的广告所打扰，后者表现方式则大都为骚扰短信、骚扰电话、垃圾邮件等侵害用户安宁的行为；前者数据来源于大数据，即无法辨别个体身份信息的数据计算，后者数据来源则是赤裸裸的非法窃取、买卖和利用用户的身份信息。智能广告作为一种新型的营销模式，与侵害网络安宁权的非法广告有着泾渭分明的区别。另外，在用户维权上，两者的表现也不尽相同。用户如果不想要网络服务提供者的智能广告，可以通过清除Cookies等方式来自行拒绝接收，而非法广告则只能通过法律维权手段，要求发布者承担法律责任。

其次，智能广告与侵害用户数据安全也不是一回事。网络时代中的用户隐私表现方式主要以网络个人数据保护为主，各国法律都对此做出了明确且具体的规定。总的来看，主要有两种保护模式，一是以欧盟为代表的严格模式，即严格控制网络服务提供者对用户数据的采集和利用；二是以美国为代表的自由模式，即用户数据利用与否，更多地取决于用户与网络服务提供者之间的契约，法律仅对直接侵害用户隐私的行为做出约束。尽管保护模式有区别，但是，在网络数据利用与隐私权之间的关系问题上，两种保护模式却保持高度一致：法律允许网络公司采集、利用那些无法被明确特定化到个人的信息。我国《电信和互联网用户个人信息保护规定》第4条也对此做出了规定，其中，"个人信息"是指"电信业务经营者和互联网信息服务提供者在提供服务的过程中收集的用户姓名、出生日期、身份证件号码、住址、电话号码、账号和密码等能够单独或者与其他信息结合识别用户的信息以及用户使用服务的时间、地点等信息"。可见，我国对个人数据保护范围的规定，也是严格遵照"不可识别"为基本原则的。

同样，智能广告依靠大数据分析的来源和使用的方向，都是针对"不可识别"类型化的人，是针对一类人的数据结论发送的广告，无论是发送者本身，或者是广告主，在事先和事后都不知道接受广告的用户到底是谁。既然智能广告没有达到具体可识别个人的数据，当然也就不存在侵害隐私的事实。而侵害用户数据安全的行为，通常是以非法手段获得个人的隐私数据，对个人安全造成极大的威胁与危害。

再次，智能广告有利于消费者。当今互联网商业模式是用户免费使用的模式，网络经营者的利润来源多来自广告收益。大数据环境下的智能广告更是强化了这种商业模式，不论是搜索、网游、邮箱还是网购等互联网形态，都生存于"免费使用+增值服务"的环境中。可以说，智能广告使网络经营者和用户均从中得到了实惠，达到双赢。

最后，从侵权法上讲，智能广告不构成侵害隐私权。网络经营者投放智能广告的行为也没有违反现行法律规定，不存在过失或故意侵害用

户隐私的行为，因为数据来源和使用的"不可识别性"，在客观上也不会造成用户隐私泄露，更谈不上隐私损害的后果。

因此，大数据背景下的智能广告与用户隐私权保护之间并没有矛盾，网络服务提供者和用户之间是互惠互利的双赢关系。尽管这样，网络服务提供者在发布智能广告时，仍需注意如下几点，否则可能承担法律责任。第一，满足用户知情权。按照《关于加强网络个人信息保护的决定》规定，网站要事先明确告知用户数据采集、使用方式和范围，不得以格式条款或使用晦涩难懂的词汇剥夺用户的知情权。第二，满足用户选择权。网站在网民协议中应明确规定，用户可以使用包括清除Cookies在内的方式拒绝网站继续采集数据。一旦用户拒绝后，网站不得以其他隐秘手段继续采集利用用户的数据。第三，互联网企业对用户数据应尽到管理者和保护者的义务。网站应在技术上提高防黑客盗取手段，在制度上保障信息安全，在理念上将保障用户隐私权作为最重要的发展规划，避免用户信息泄露或被窃取。第四，严格区分用户的身份信息和其他信息。身份信息是用户可识别性的主要标志，网站不得以任何方式利用用户姓名、地址、联系方式等身份信息发送侵害用户网络安宁权的广告。第五，互联网企业之间不得以任何方式或技术优势阻碍正当的数据采集工作。在互联网免费经营模式下，破坏正当数据采集工作的性质就是企业之间的不正当竞争，这种"绑架消费者"的行为，从根本上侵害的仍是广大用户的利益，违规企业应受反不正当竞争法的制裁。

最后，我们感谢大数据带给企业在营销工作中的便利和效率，以及通过给用户提供智能化的信息推送服务，推动了企业与用户的良性互动与共赢；同时，在使用大数据进行营销时，我们也要严格区分大数据营销与侵害用户数据隐私权的界限，自觉遵守法律法规。

第五章
大数据与 O2O

- ☑ O2O不开大数据
- ☑ 可口可乐这样亲近顾客
- ☑ "Nike+"的大数据变革
- ☑ 从万达广场到智慧广场
- ☑ 电影业的O2O玩法

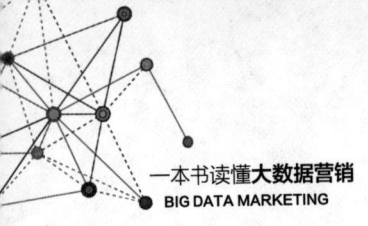

O2O离不开大数据

O2O在本质上是通过PC互联网、移动互联网与传统行业结合,衍生出更多新的商业模式和消费模式。O2O一般被理解为Online To Offline,即"线上到线下",或者Offline To Online,即"线下到线上"。

其实,O2O从概念产生到现在,已经引起了众多企业的关注,也成为企业的一个重要营销思路。无论O2O在实际运用中呈现什么样的方式,但始终离不开运作过程中,不同平台上数据的沟通与分析。因此,可以说,如果缺失了大数据分析,就谈不上是真正的O2O。

在O2O被运用以前,传统企业的线上和线下数据分别掌握在不同的部门或者不同的公司手里。其中,电商部门基本上只是掌握了用户的订单等简单信息,一些电商平台,如天猫、京东等,经过云计算、数据分析,将数据分析的结果反馈给商家,随着数据规模不断增大,电商平台数据的可靠性会越来越强。另外,电商平台也在不断打通用户的全平台数据,通过用户在不同店铺里的消费习惯、消费金额,基本就可以判断用户的消费能力以及消费类型(比如保守型、冲动型等)。这些数据分析结果会为电商公司的线下营销提供一定数据支持。

总体来说,传统企业的线上线下部门有合作,但合作力度还有待于进一步加强,一个重要原因在于,传统企业对很多数据尚未能够进一步深入挖掘。比如，对于传统企业来说，那些已经在线上咨询过商品的用户，假如转化成了线下的消费人群，传统企业就很难监控到，导致对用户购买行为的追踪，出现中断的现象，从而造成数据断层。反之，线下用户突然去线上消费，传统企业的营销系统依然会将这些用户记录为线上新用户，对于用户为何从线下转移到线上的数据，显然缺乏足够的分析，也不便于商家进一步整合线上与线下数据的相关性。

相对而言，O2O则打破了线上线下的绝对界限。实际上，在O2O领域，尽管仍被称作"线上线下"，但已不存在绝对的线上以及线下。因此，O2O中很重要的一点，就是整合数据。

那么，在O2O的运作中，线上线下的数据是如何整合与打通的呢？我们可以这样来看，线上用户通过微信抑或其他移动平台进入电子商城，商城的营销系统根据用户的上网行为，获取用户的年龄、性别、消费习惯等数据，并根据这些维度的数据，判定该用户的消费习惯，以此进行有效的精准营销。其中，移动互联网有个非常好的功能，即LBS定位，商城通过一定营销措施鼓励用户分享其地址，当这些地址积累得足够多时，商城系统就基本可以描绘出电商公司在线下的具体的消费人群聚集区，这些数据信息又可以直接转给线下的实体店，给予实体店必要的数据支持。可见，移动电商数据已经不仅仅是为了促进线上的营销，还在影响线下的实体决策。

在线下，用户的签单以及会员信息可以直接与线上打通，实现线下与线上数据的及时沟通与高度整合。这样的话，商家就便于判断出用户在线上线下的消费习惯分别如何。另外，数据与LBS的定位打通，也可使商家获得区域内用户的购物习惯，比如，哪些区域的用户偏向于网购，哪些区域的用户偏向于线下购买，从而指导商家更好地采取营销策略。

当前，O2O营销方式日益受到商家的重视，也在一定程度上说明，在营销中，能够进入顾客的现实生活圈，获得顾客生活场景中的大数据，并将大数据再次与消费场景进行结合，实现闭环，那么无疑会在新一轮的O2O营销中成为领先者。

为此，很多企业都在思考，怎样才能够找到进入消费者生活圈的最好的入口，并且据此而自然地进入顾客的消费行为场景，同时，利用这些消费场景实现精准化的营销，使顾客在营销决策中，能够选择自己的商品或服务。

举例来说，分众传媒已经在一些商业写字楼的分众电视终端上增加了WiFi热点，只要身在该WiFi热点有效辐射范围内的用户，就可以通过连接WiFi实现与当时屏幕内容的互动，比如用户进入楼宇时会自动连接上WiFi，根据WiFi传送的数据可以确定分众传媒此时播放的广告，比如用户刚好看到蒙牛广告，那么用手机上的360客户端摇一摇，或许就能免费获得一箱蒙牛牛奶；用户如果把手机靠近分众传媒的广告进行NFC感应后，手机会自动弹出相关页面。通过这样的方式，彻底革新了传统的旧有媒体形式，实现了与用户的有效连接和互动，并抓住了屏幕面前的用户大数据。

图11 分众传媒的楼宇广告

可见，在大数据时代，O2O的运用日益呈现出创新的特点。正如上例中分众传媒的做法，将广告结合WiFi热点，与用户实现O2O式的互动，将过去单一的广告覆盖做法，转向与用户深度沟通和场景驱动消费行为的新时代。

这种新的O2O方式，在企业营销中迅速得以推广。比如，我国当下一个比较著名的"外卖"订餐平台"饿了么"，便也利用了这样的O2O场景与互动广告进行了推广，"饿了么"在分众传媒公司分布于上海的电视广告终端屏幕上，持续播放广告，并指引用户连接分众电视终端提供的WiFi，连接成功便可以接收到服务器推送的20元免费餐券，实现了广告投放展示到销售效果（免费优惠券发放）直接达成的一体化实现。这种基于大数据技术的O2O营销方式，在过去几乎是难以想象的，而在大数据，则变为了现实。

总之，在O2O营销的运用中，已离不开大数据的有力支撑。尤其在进入移动互联网时代后，传统商业也正在基于线下终端人群来建立新的线上线下一体化商业形态，传统媒体也在通过线下的流量入口，来建立新的互动和大数据的营销解决方案。而要建立这些高效的营销解决方案，大数据势必在其中起着关键的作用。

可口可乐这样亲近顾客

在国内饮料企业的激烈竞争中，无论是大品牌的饮料企业，还是小品牌的饮料企业，都在积极开动脑筋，想办法获得顾客的青睐。毕竟，唯有赢得顾客，才能赢得市场。在营销中，能够真正洞悉顾客的喜好，并非易事。在这方面，可口可乐公司从2013年以来，就积极与大数据公司合作，运用大数据分析技术，来捕捉社会化媒体上使用最多、最耳熟能详的热门关键词，并将这些关键词印在了可口可乐饮料瓶上。果然，这些贴有关键词的饮料一经推出，便引起了顾客的普遍共鸣，可口可乐的销量也随之增加。

在分析这些关键词的过程中，可口可乐付出了较大的努力。这是因为，在网络社交平台上，仅热词数量就过亿，要从中筛选出符合自己需求的关键词，需要对海量的词汇进行分析、比对。最终，可口可乐从中挑选了300个积极向上且符合可口可乐品牌形象的关键词，并将这些关键词作为"昵称"贴在可口可乐的瓶身上。

通过这次营销反馈，昵称装可口可乐在中国的销量较上年同期实现了两位数的增长，可谓销售业绩增长显著。在可口可乐的这次营销中，就充分体现了整合线上数据、转化为线下销量，并再度丰富线上数据的O2O营销特点。我们不妨来了解下可口可乐进行这次O2O营销的过程。

可口可乐在进行这次有鲜明的社会化特点的营销活动时,怎样在创造"昵称瓶"的话题活动时,积极与顾客互动,就变得至关重要。为此,可口可乐公司委托大数据公司建立了一套完整的营销系统,通过实时的数据挖掘,来获悉在社交媒体中,哪些用户需要互动了,并将互动记录保留下来,供后续沟通使用。"收集数据—清理数据—数据入库—找到有质量的用户信息—与用户互动",这些都是在实时进行的,从而确保了可口可乐在推出"昵称瓶"前,线上已经有了足够的预热,以确保线下的畅销。

图12 可口可乐的"昵称瓶"

可以说,"昵称瓶"的尝试,无疑打开了可口可乐的创新思路,市场的良好反馈也给予了可口可乐再次尝试的信心。因此,除了采用"昵称瓶",可口可乐还积极利用大数据技术分析社交媒体中的其他热门词汇,经过多次的增删,最后选择了多条最具认知度和情感色彩的歌词,呈现在可乐瓶上，展示出了可口可乐产品的个性化，并通过这些易引起共鸣的热门词汇，拉近了与顾客之间的距离。可以说，可口可乐的"换装"热潮，凭借创意和实效，获得了众多顾客的喜爱。

在此基础上，可口可乐针对自己的客户群体，适时地策划了一些营销活动，一次次地拉近了与顾客的心理距离。比如，在高考季、毕业季，可口可乐瓶上出现了"心爱的朋友热情相拥""青春如同奔流的江河""说一声加油一切更美好"等歌词，深深地触动了广大学生的内心情怀，因而深受学生们的欢迎。

图13 可口可乐的"歌词瓶"

在对互联网上的海量歌词进行筛选时，可口可乐仍然通过大数据技术，分析热门歌词在不同的顾客群体中的反应，从而与顾客群体进行匹配。歌词考虑了不同年龄段人群对流行歌曲的认知区别，因而歌词中既有"70后"熟知的"阳光总在风雨后"，也有"80后"熟知的"我一直有双隐形的翅膀",还有"90后"和"00后"都喜欢的"时间都去哪儿了"等。所以,可口可乐给自己不同的顾客群体均留下了好的印象,赢得了顾客的认可与喜爱。

总之,可口可乐经过这种"换装"式的营销,迎合了互联网时代人们对个性化与心理满足感等的需求,通过移情作用,将一瓶印有某个昵称或某句歌词的可乐饮料,赋予其独特的情感色彩和生命意义。由于在营销中,可口可乐充分运用了大数据分析,确保了所选昵称词汇或歌词的"接地气",从而不断地用新颖的方式触动顾客的神经,在传递给顾客快乐的同时,也夯实着自己在市场中无可替代的位置。

"Nike+"的大数据变革

近几年来,人们对大数据讨论如火如荼,很多企业也对大数据营销摩拳擦掌、跃跃欲试,这其中,有些企业从大数据营销中获得了显著的成效,也有些企业虽然号称在进行"大数据营销",但始终难得大数据营销其门而入,因此不少企业仍在大数据营销的门外徘徊。

在这方面,众多提供传统消费品的企业所表现出的尴尬局面尤为突出。实际上,很多企业都希望能够积极利用新的营销方式、营销工具,以延续辉煌,但同时,我们也一次次地看到,有不少新企业借助大数据营销这样的新型营销方式实现了弯道超车、后来居上。那么,企业究竟该怎样变革自己原有的营销模式,更好地运用大数据技术呢?在这里我们以耐克为例,看一下耐克作为一家提供传统消费品的企业,怎样通过大数据取得营销成功,从而为传统消费品行业实施营销变革提供有益的启示。为此,我们要引入一个"Nike+"的概念。

那么,"Nike+"是什么呢?对于这个问题,很多人的第一反应可能是,这是一个很有名的运动官方社区。另外,一些科技发烧友和运动达人也可能会给出不同的答案,即"Nike+"是耐克近几年推出的跑步应用APP和运动腕带。实际上,"Nike+"还远不止这些,它更多地显示了耐克在大数据时代的一种营销战略。

"Nike+"的前身，是耐克与苹果公司早在2006年5月联合发布的"Nike+iPod"运动系列组件，这款组件主要用来将运动与音乐结合起来。具体运用时，首先，跑步者必须先拥有一双"Nike+"的慢跑鞋；然后，再将iPod的芯片放置在鞋垫底下的芯片槽里。在跑步时，通过芯片进行无线感应，可以将各种跑步的数据信息，如距离、速度、消耗的热量等数据传输至跑步者手中的iPod里，借助语音回馈，跑步者就可以得知各项数据信息。

在运动过程中，跑步者可以欣赏事先设置的激励歌曲；在运动结束后，跑步者可将iPod与电脑连接，登录"Nike+"网上社区，上传这次跑步的数据，或者设定各项数据分析的功能。另外，跑步者还可以关注朋友的跑步进度，也可以查看世界各地拥有这款产品的人的运动信息及排行榜。通过这种产品组合与大数据收集、分析与反馈等运用，"Nike+iPod"深受青少年喜爱，并迅速风靡全美国，耐克与苹果公司的这次合作也大获成功。

后来，随着智能手机的崛起，"Nike+iPod"开始陷入市场危机。这是因为，移动互联网的发展，使得市场上出现了很多其他自营品牌的便携设备和运动服饰，与耐克形成直接竞争。另外，青少年们逐渐习惯于数字化的生活方式，并越来越喜欢使用类似Facebook、Twitter等社交媒体，而耐克的主要消费群体正是这些青少年。于是，在2010年，耐克的营销方式随之变革，"Nike+"也被赋予新的含义，即一种数字化运动的营销战略。

接着，"Nike+"在运动类电子产品上发力，率先推出运动功能手环。与以往不同的是，这款产品旨在面向非运动人群，几乎能够测量佩戴者所有日常活动中消耗的能量。

紧接着，耐克又推出了拥有自主知识产权的全新能量计量单位NikeFuel，这是一种标准化的评分方法，无论用户的性别或体型，同一运动的参与者的得分都会相同。由于NikeFuel与通行的计量单位卡路里不同，从而在一定程度上增加了现有用户更换使用其他同类产品的成本，避免了现有用户的频繁流失。

接下来，到2012年，耐克将"Nike+"从跑步延伸到了篮球和训练产品上，推出了一系列应用软件，构建起两套全新的运动生态子系统。就功能而言，与之配套的运动鞋可以测量如弹跳高度等更多的运动数据。

此外，耐克还与导航产品供应商合作推出具有GPS功能的运动腕表等产品，进一步充实了其数据量。另外，由于耐克最初是做运动鞋这样的传统产品的，并非起家就是做互联网，为了弥补这方面的不足，耐克将合作范围从苹果公司扩大到其他平台，进一步扩大用户基础。比如，在2012年6月，耐克将自己在苹果iOS平台上最受欢迎的"Nike+Running"软件移植到了Android平台上，同时还展开与微软的合作，推出一系列健身娱乐软件。

在2013年11月，耐克瞄准了微信的广大用户群体，在中国推出了自己的微信公众服务号，为用户提供跑团组建功能。另外，耐克还筹划未来的发展，鼓励其他创业团队利用"Nike+"平台开发出更加新颖的应用，以期在运动数字化浪潮中确立一种平台服务商的领导地位。

可见，"Nike+"的诞生和发展，是耐克公司顺应大数据时代趋势、发展运动数字化战略而推出的系列产品线，包括各类可穿戴设备、Nike+应用软件、Nike+运动社交平台等。用户对"Nike+"的使用，可以使耐克公司能够对数据形成从产生、收集、处理、分析到应用的O2O闭环，从而推动耐克营销工作的开展。

正如业内人士所说,"Nike+"的核心价值在于所构建起来的庞大的线上社区,它的最大功能在于社交,而社交又是产生数据的重要来源。通过"Nike+",耐克与消费者建立起紧密的情感联系,强化了顾客对耐克产品的忠诚度。

我们不妨以"Nike+Running"这款APP为例,其界面非常人性化,操作也相当简单。一打开主页,软件便可通过GPS记录下个人跑步的次数、公里数、平均速度及消耗的能量数,以便用户安排自己的运动计划。另外,软件内置的徽章激励制度还给跑步运动平添了几分趣味,使用户产生了自我突破的动力。

图14 "Nike+Running" APP标识

在"Nike+Running"这款软件中,用户除了能够自行察看运动数据与虚拟成就,还可将运动记录图像实时分享至Twitter、新浪微博等社交网站,并附上心情符号与文字解说,从而吸引好友关注,满足交际需求与展示欲望。另外,"Nike+Running" APP还携带社交功能,用户之间可

以进行留言,包括为跑步者加油,从而使得跑步这项私人性很强的运动被公开到其他爱好者眼前,好友们的激励则更让跑步者更加投入到运动中等。尤为可贵的是,耐克通过"Nike+Running"等APP软件,得以收集用户大量丰富的信息,从而为用户提供更好的营销服务。

总之,在"互联网+大数据"时代,任何企业均可以通过创新的思维与努力,将新技术用于自己的经营实践中,提升自己的经营效益。在这方面,耐克的"Nike+"营销战略,为我们提供了有益的参考。

从万达广场到智慧广场

对于很多人来说,万达广场可谓并不陌生,因为在很多城市里,总能看到万达广场的身影。同时,提起万达广场,很多人可能会想起万达广场的创始人王健林与阿里巴巴的创始人马云的一场豪赌,即到2020年,电商在中国零售市场能否占到50%。

后来,随着电商的飞速发展,王健林表示,所有新的商业模式必然会对传统产业形成冲击,但是传统产业的生命力也是非常顽强的,否则也就不会存在几千年,因此,万达广场"要坚守传统产业,但是要在传统产业的基础上尽可能地去创新,也包括向马云学习"。

的确,万达广场的发展,正如其创始人王健林所描述的那样,既秉持了传统商业、以传统商场的形象存在着,也在紧随时代的发展,向着智能广场的方向发展着。据统计,截至2015年,万达集团在全国拥有109个万达广场,在O2O盛行的今天,可以说,万达广场有着很大的营销潜力,甚至被称为国内最大的线下消费平台。如果能将这些消费者的需求,通过互联网平台链接起来,开通电商服务,那么这个市场的空间无疑将是巨大的。

为此,早在2014年8月,万达便与国内最大的搜索引擎服务商百度公司,以及国内最大的社交网站服务商腾讯公司开展战略合作,三方共同出资，成立万达电商。届时，万达将与百度、腾讯打通账号与会员体系，并打造线上线下一体化的用户体验，全面覆盖用户的生活。

显然，这必将改变过去传统商业和电商各自为政的情形，比如，在过去，电商平台只能做线上，但是消费者在线下到底买了什么，电商平台并不知道，而如果只能判别线上消费行为，对于消费者场景和需求的掌握是远远不够的；万达与腾讯、百度打通用户和会员体系之后，用户的消费信息、信用信息，以及基于消费者位置信息等，都将成为重要的营销触点，会员与万达广场的每个店铺甚至每个商品的接触和消费就不再是单点的，而是连续的，甚至是可以被挖掘的，可以利用标签来进行识别和精细化经营。

因此，业内普遍认为，万达、百度、腾讯三方的合作，将成为O2O与大数据融合最好的运营模式，从而被认为将改变整个O2O商业的生态。

可以说，万达的电商战略，已经超出了单纯的技术应用，而是充分挖掘了顾客的生活圈和生活场景的价值。这是因为，万达广场、万达影院、万达酒店、万达度假村等经营实体本身就代表了一种生活圈和生活方式，而通过互联网将这些生活圈的消费场景链接起来，就能够建立一个营销的巨大线下入口，再通过百度、腾讯几乎无处不在的互联网影响力，实时与消费者实现个性化和精准化的互动，在改善用户消费体验、提升营销业绩的同时，从而使万达广场向智能广场更大地迈进了一步。

其实，在移动互联网时代，单纯的线上线下已经没有区别，比如，在万达广场的顾客可以通过WiFi热点、微信、百度地图、美团等链接到线上，也可以通过在移动互联网平台上的精准化信息到线下消费，在写字楼电梯口的消费者可以又通过分众的免费WiFi与屏幕广告进行互动，还可以在互动后产生实际的消费行为。总之，万达广场内的消费场景将更加智能化。

总体来说，万达广场的O2O策略，关键在于大数据。相对来说，万达广场庞大的线下经营规模，以及百度、腾讯在线上大数据资源的优势，使得万达广场的O2O策略有了大数据作支撑，从而使该策略有了坚实的实现基础。

那么，万达广场大数据的核心是什么呢？

万达广场大数据是希望利用大数据进行趋势研究，进而帮助购物中心提升资产价值，优化资源配置，改善营销经营等。为此，万达广场大数据的核心不是随机样本，而是全体数据；不是独立个体，而是全面关联。

在这样的大数据思维模式下，万达广场进行了庞大的数据收集。具体收集方法如下：

（1）对城市的所有信息进行统计

比如，万达广场所在的城市，要对这些城市区域内的人口、GDP等数据进行统计，了解这些城市的政策对城市未来的影响等。

（2）对租赁的全过程进行数据化管理

万达广场内的商户从进场开始到退场，整个过程中所有进出货的变化，还有其各个时间段、各个季节的销售情况等，要实现全过程的数据化管理。

（3）对所有品牌建档管理

万达广场对商业广场内经营的商品品牌进行精确分类，根据顾客的年龄层、消费额及客流曲线进行品牌定位，为未来大数据的分析提供依

据和分类，将购物中心布局调整至最合理的状态。

（4）POS机交易记录

所有在万达广场经营的商户，都要安装POS机，这样的话，几乎所有商户在分时段、不同位置、不同业态的销售数据，最终可以合并到大数据的数据库里来进行处理。

（5）顾客WiFi跟踪

在整个万达广场内搭建大WiFi和大会员的体系，通过WiFi体系可以捕捉在广场里面所有的智能手机用户，其行迹路线、所关注的商品和消费习惯，然后通过所有的会员体系，就可以掌握所有会员的各类信息和其特有的相关产品喜好，便于万达广场采取有针对性的营销措施。

（6）客流监控采集

万达广场从三个层段分析顾客，从而建立广场策略。

第一个层段是统计进出万达广场的客流量；

第二个层段是分区域、分业态进行客流数据统计，万达广场做了人脸识别摄像头的统计，识别率非常高；

第三个层段是在每一家经营的店铺做客流数据的统计。

这样，通过三个层段的数据和销售数据，给广场内的商户提供数据支持服务。

（7）建立大会员体系

万达广场综合所有有效的数据，将其合并到大数据的数据库里进行处理，这是万达建立大数据管理的基础，也是万达全数据模式的基础。同时，随着万达与百度、腾讯战略合作的开展，万达广场的大会员体系与百度、腾讯两大平台打通，相当于万达广场的大会员体系得以极大的扩充，在数据支持方面具有更大的作为。

总而言之，正如万达广场的创始人王健林所说："购物中心不仅是有物理性的，还有智慧的虚拟性，万达要做的就是智慧广场，是做大数据，真正做到线上线下的结合。"我们相信，无论是万达广场，还是其他企业，只要在大数据、O2O中用心耕耘，一定能够得到满意的收获！

电影业的O2O玩法

如今，人们观看电影的方式有很多，比如在传统电视上、PC上、手机上、各种Pad上等。尽管这样，电影院的生意依然很火热，尤其是电影业积极运用O2O营销方式，满足观众线上、线下两个购票渠道的需要。在很多人看来，在线上售票的平台网站似乎不过是在线票务分发方，承担的角色无非是"买票选座的"，表面上看，除了依靠卖更多的票赚取代理费外，似乎难有什么核心盈利价值。其实不然，一些电影O2O平台作为大数据的集散点，其数据竞争力十分强大，它们采用的营销方式也颇值得研究。

据统计，我国2014年的电影总票房为296.39亿元人民币，2015年上半年的电影总票房为203.63亿元人民币，同比增长48%。根据猫眼电影（一个可以在线上购买电影票的互联网平台）公布的数据，2015年上半年的电影在线售票比例已超过50%，其中，仅猫眼一家的交易额就已经超过了传统线下售票龙头万达影院。

尽管线上平台在售票方面超越了线下影院，但二者的依存关系仍然难有直接对抗，毕竟线上平台无法提供落地的影院服务，充其量只能是流量聚合地；线下可以提供完整的电影服务，但大部分影院缺乏数据和营销支撑，经营上缺乏数据指导等。

可以说，电影O2O的崛起，重要的是企业在发展过程中摸清楚了自己的优势所在，包括大数据与良好的在线平台优势，是电影O2O平台胜出的重要因素。在这方面，电影O2O显示出了三大优势，主要表现在营销、排片和内容三个方面。

在营销方面，电影O2O采用了大数据精准营销。其中，电影毕竟是内容的产物，首要满足的是人的精神层面需求。现在，很多人看电影的诉求是社交，但也避免不了对内容进行的选择。因此，营销对于电影的重要性就不言而喻。我们平时翻开一些娱乐报纸或娱乐板块，看到有关新电影的报道时，最常见的就是首映礼城市巡影等活动，影片主创人员在各个城市、各个影院发起各种活动，其目的就是为了吸引观众的注意，从而提升票房的收入。

当有了线上销售后，营销推广方式就与以前不同了。一个重要表现是，在线营销推广变得渐渐多起来，票房收入也在稳步提升。同时，线上平台的营销变得越来越有效，我们在平台交易的历史中，发现针对不同电影有着不同的销售记录，记录关联的是不同用户的相关信息，包括职业、年龄、城市等信息。这些信息又都与电影消费进行匹配关联，建立与电影相关联的用户库。

于是，在电影营销期间，电影商就可以更有针对性地发起营销活动，对重点人群的精准化营销，可以避免消耗营销成本。比如，《栀子花开》剧组在营销时，根据票务平台反馈的数据，把观影人群精准到国内三四线城市中，避开了看似更有市场的一二线城市，实现了精准化定位，结果在票房收入上有了不俗的表现。

在电影的排片方面，电影剧组会利用大数据分析的结果对用户"画像"精准定位。一般来说，电影票房在全年中存在周期波动，例如，年

初的贺岁档，年中的暑期档，各大节日期，国庆档，五一档等。针对这些不同的波动时期，传统的电影发行方仅能大概了解到各个档期的消费人群数量和分布，也知道该在合适的档期推出合适的题材电影。在这方面，电影发行方为了获取足够多的票房和影片影响力，会争取足够多的排期。实际上，由于观影人群层次分布不同，有时反而会给院线方造成不必要的空置，同时这种空置也会降低影片的"上座率"。伴随着电影市场越来越成熟，消费者电影消费习惯也逐渐建立，对于电影的选择开始变得更加多元化，因此，发行方与制作方已很难去为消费者做具体的画像，从而对消费者的把握不够精准。

相比较而言，电影O2O平台聚合了大量用户的数据，除了帮助电影商精准营销外，更能起到辅助排片的作用。比如，利用平台上以往购票的数据，分析绑定的社交账号的分享行为，绑定的购物账号的购买行为，以及其他相关账号的数据等。剧组通过对这部分数据的分析，可以得出较为完整和精准的消费画像，从而在排片上可以避开非目标人群的影院或消费时间，安排好电影放映的顺序等细节问题，实现排片最大价值的实现。

在电影的内容方面，电影商利用大数据可以直接输送内容题材。以观众前端反映的数据信息带动电影后端内容的生产，是电影O2O带来的新思考与新价值，比如，华谊影业推行粉丝经济，其本质便是更加注重内容输出，将内容制作与前端反馈精确挂钩。这样的话，一方面有助于避免"烂片"或影片遭遇冷遇，可以帮助影视制作人员摸清观众的喜好与市场走向；另一方面是直接输出更受人欢迎的商业片，最大限度地迎合商业规律，获取商业价值。

与传统院线售票数据不同，电影O2O平台拥有得天独厚的线上运营基础。比如，电影O2O平台以社区为基群，能侦测到已购票的反馈数据。目前，我国电影业的盗版情况比较严重，电影消费还未达到全民阶段，所以许多人是抱着"我想看"的心态参与社区讨论，电影O2O平台利用自身的线上优势，可以更全面地抓取这部分数据，与观影后的人群数据相结合，展示观看正版电影的良好效果，则更能反映电影的实际价值与效果。从侧面来看，这也是不断鼓励消费者进行正版消费，对抵制盗版有一定帮助作用。

现在，电影的票价已经不再是一成不变的。电影O2O使得参与其中的公司对这个市场的追求已经登峰造极。电影其他产品的成熟发展使得电影O2O玩法更加千姿百态。这些公司已经不再满足于对票价的掌控，他们甚至参与电影的制作和发行，并且销售衍生品。综上所述，这些涉及电影O2O的企业正在试图将触角深入到电影行业的整个产业链当中。

图15　电影业的O2O营销

总之，电影O2O平台要深刻认识到，其平台的核心竞争力在于对数

据的挖掘与应用，要把数据作为武器，丰富自身的功能，给用户带来便捷的使用体验，进一步实现电影产业的线上线下融合，优化电影业的营销环节。其实，电影O2O平台的做法，对我们其他很多行业来说，也是有借鉴意义的，如果每个行业积极发掘自身特点，将大数据运用于本行业、本业务之中，相信都会在营销方面踏出一条捷径！

第六章

大数据与个性化营销

☑ "零库存"不再遥远
☑ 亚马逊的个性化服务
☑ 保险业走向定制化营销
☑ 读书,看报,玩手机
☑ 你进行个性化营销了吗

"零库存"不再遥远

传统的营销模式，一般是先将产品生产出来，然后再进行销售。这种营销模式容易导致企业在销售环节一旦出问题，就会造成产品积压，形成库存压力，影响企业资金链。因此，企业一般都重视削减库存。正如家电企业美的公司提出的一个理念："宁可少卖，不多做库存。"这句话便体现了美的公司控制库存的态度和决心。

一般来说，企业要实现"零库存"，或接近于"零库存"，除了采用戴尔公司的"订单式生产"，还需要具备较强的市场预测能力。实际上，企业在实施"零库存"方案时，需要对多个环节的数据信息能够及时、合理地进行正常沟通，然后才能正确预测出物料的准确需求量以及供求时间。在这其中，个性化营销对企业"零库存"起着重要的作用。

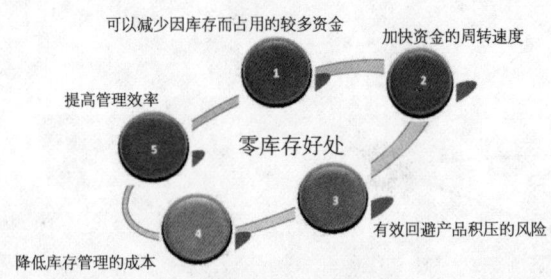

图16 零库存给企业带来的好处

在互联网时代，顾客在购买产品时，个性化的感情色彩日益浓厚；同时，互联网的经验分享特点，又使得每个顾客通过在互联网上的评价，很大程度上影响他人的购买决定。因此，企业在营销中，既要考虑到大众市场，还要顾及个体的感受。我们接下来看下个性化营销在实现"零库存"的过程中，是如何做的。

所谓"个性化营销"，简言之，就是在营销上为顾客量体裁衣，即企业面向消费者，直接服务于顾客并按照顾客的特殊要求制作个性化产品的新型营销方式。在个性化营销中，企业避开了中间环节，注重产品的设计创新、服务管理、企业资源的整合，提高了经营效率，是企业制胜的有力武器。在市场竞争日益激烈的今天，个性化营销的重要性日益凸显。

在个性化营销中，企业建立起顾客信息的数据库，及时了解市场动向和顾客的真正需求，向顾客提供一种个性化的销售和服务；同时，顾客还可以根据自己的需求提出商品性能方面的要求，然后企业尽可能按顾客的要求进行生产，使得企业与消费者之间形成协调合作的关系，提高了企业的市场竞争力。个性化营销以多品种、中小批量的混合生产取代了过去的大批量生产，既有利于节省中间环节，还有利于降低销售成本。不仅如此，由于企业在生产中的计划性增强，资源配置也接近最优，便在很大程度上节约了企业的库存成本。

正如前面所述，互联网时代的信息传播速度非常快，在消费领域也随之出现了追求消费时尚的特点，消费者越来越追求具有个性化、情感化的商品，而不再满足于一般的大众化商品。具体来说，顾客的消费观念正从理性消费走向感情消费，比如，消费者的主观性越来越强，单纯的广告和促销活动已经越来越难以改变消费者的主观意念，这使得过

去营销方式的成本也在加剧上升；再者，消费者的行为呈现出很大的差异化，在当前买方市场的情况下，消费者的心态和行为越来越缺乏持续性，并朝着求新、多变的方向发展。在这种情况下，企业采取个性化营销，就势在必行。

那么，企业应该如何提升自己的个性化营销能力呢？在这其中，企业的客户数据管理与分析能力、与客户的互动能力等就非常重要。无数的营销实践证明，高质量的客户数据管理能力是企业采取差异化营销，以区别对待不同客户的基础。同时，企业的客户数据管理能力也常被视为影响企业进行个性化营销的最重要能力之一。

一般来说，那些运营多年的企业往往有着比较完备的销售数据和交易数据。这些企业一般认为，只要收集了足够多的数据，就能有助于开展一对一的个性化营销，而实际营销的效果却经常差强人意。为什么会出现这种情况呢？

这是因为，企业虽然有了完整的交易数据，如交易时间、交易次数、交易金额等，但是这些数据很大程度上还处于"静态"，未被充分关联起来，从而直接影响企业对客户数据的分析能力。

企业分析客户数据的能力，是通过对客户信息的理解，再辅之以动态的行为和价值分析，从而识别客户的行为、价值和需求，为采取个性化的营销提供支撑，并帮助企业建立起实时的业务和客户洞察力。这通常需要客户具备较强的大数据分析能力。

在基于上述数据分析的基础上，企业可以与顾客进行高质量的互动，从而更好地判断和了解顾客的需求，为产品的个性化生产提供了有益的参考。在这方面，我们来看全球著名的个性化营销企业戴尔的做法。

其实，我们论及个性化营销，就难以回避戴尔公司。因为自从1990

年以来，戴尔公司的股票增长了870倍以上。将戴尔公司推向巅峰的秘诀，就是戴尔公司长期坚持的个性化营销，即按照客户的要求生产计算机，并向客户直接发货。

我们剖析戴尔公司的个性化营销模式，可以简单地得出两个结论：一是直销，为用户提供最廉价的电脑；二是为客户提供"量体裁衣"的服务。凭借这两点，戴尔公司牢牢地捍卫了自己在计算机市场中的行业地位。

戴尔能够做到这样的个性化营销，与其有较强的数据运用能力是分不开的。比如，戴尔持续改进产品的形态和服务。以戴尔的一个客户福特公司为例，戴尔在接到来自福特公司的订单时，就能够全面地了解到，哪个工种的员工需要什么样的计算机；戴尔再据此组装合适的硬件和软件，并很快地将电脑送到顾客的手中。

正是这些努力，确保了戴尔公司即便是在接近"零库存"的情况下，仍能拥有大量的顾客；同时，几乎没有库存压力，也大大减轻了戴尔公司的经营压力。这正如戴尔公司的创始人迈克尔·戴尔所说："也许我不知道如何设计或制造世界上最棒的电脑，但我却懂得如何销售。"所以，在这个"客户至上"的时代，积极运用一切先进有效的新技术，包括大数据技术，以一种创新的方式来接近顾客、取悦顾客，这不仅可以成就一个戴尔，还可以成就一个又一个其他领域的"戴尔"。

亚马逊的个性化服务

亚马逊（Amazon）创办于1995年，靠在线书籍销售业务起家。它一开始就是一个虚拟的网上书店，没有自己的实体店面，全靠网上进行在线销售。发展至今，亚马逊成为美国最大的电子商务网站，截至2014年，亚马逊成为全球第四大互联网公司[①]。其实，亚马逊除了是一家电子商务公司，还是一家大数据公司。

图17　亚马逊在中国的网站

比如，亚马逊为其平台上的用户提供了高质量的信息数据库和检索系统，用户可以在网上查询有关图书的信息。如果用户需要购买就可以把选择的书放在虚拟的购书篮里，最后查看购书篮里的商品，选择合适

---

① 2014年度，全球前三大互联网公司为谷歌（Google）、脸谱（Facebook）、阿里巴巴（Alibaba）。

的服务方式并且提交订单，这样的话，用户所选购的书在几天后就可以被送到家，为用户的购书活动提供便利。

在此基础上，亚马逊还提供了先进的个性化推荐系统，能为不同兴趣偏好的用户自动推荐符合其兴趣需要的书籍。在具体使用中，亚马逊使用推荐软件对读者曾经购买过的书，以及该读者对其他书的评价进行分析，基于分析的结果，亚马逊将向读者推荐其可能喜欢的新书，读者在这些新书上用鼠标点一下，就可以买到该书了；亚马逊还能对顾客购买过的东西进行自动分析，然后因人而异地提出合适的建议。读者每次登陆亚马逊的信息都会被再次保存下来，在顾客下次登录时，就能更容易地买到自己想要的书。

为了使个性化服务给用户留下更好的印象，亚马逊通过对购书顾客的数据统计，对于已经在亚马逊上购买过书的顾客，再次访问亚马逊时，首先映入该顾客眼帘的是顾客的名字和欢迎词，一定程度上增加了顾客对亚马逊的亲近感。

亚马逊之所以能够做到个性化营销，关键在于亚马逊积极地使用大数据开展营销。实际上，亚马逊是最先把大数据引入电商行业的公司，通过大数据的运用来改善客户体验。也正是这点，使人们改变了对亚马逊，乃至电子商务的看法。

在以亚马逊为代表的网购刚出现的时候，很多人认为，网上购物"不能取代"，或者"不能在大范围内"取代常规的零售，这是因为，网上购物只是通过网络进行，并不能让顾客体会到面对面的个性化服务。为了改变这点，亚马逊通过大数据，让客户真正地感受到了个性化服务。比如，当用户登录亚马逊网站时，亚马逊可以根据用户的点击，精确地判断出用户对哪一类商品感兴趣，然后将这些商品对顾客进行智

能化推荐。可以说，大数据帮助亚马逊把正确的商品摆在便于顾客看到的货架上。

另外，亚马逊还通过对大数据的运用，对调拨和干线运输以及最后一公里运输，进行智能化管理，从而实现"还未下单货在途"的效果。在实际操作中，针对中国市场的特殊性，亚马逊做了一些改变，比如，在二、三线城市率先推出"当日达"服务，在一百个城市推出"次日达"服务。此外，亚马逊还推出了"定时达"的服务，以及在一些城市推出晚间服务，为顾客带去更加便利的服务体验。在微信兴起来后，亚马逊还推出了微信订单管家和包裹跟踪服务。

在对大数据进行长期研究与运用的基础上，亚马逊在2014年就研发并获得了一项名为"预测式发货"的技术专利，该技术可以通过对用户数据的分析，在用户还没有下单购物前，提前发出包裹。显然，这需要对大数据进行分析和预测才能做到。

实际上，在电子商务中，物流配送环节也起着重要的作用。亚马逊的"预测式发货"就能够起到缩短发货时间的作用，从而避免由于物流速度慢而引起顾客转移到线下其他实体店购买的冲动。对于这点，亚马逊在该项技术专利的文档中也表示，从下单到收货之间的时间延迟，可能会降低人们的购物意愿，导致用户放弃网上购物，也不利于对用户个性化服务的实施。

为了做到给顾客"预测式发货"，亚马逊还会根据之前的订单与其他因素，预测用户的购物习惯，从而在他们实际下单前便将包裹发出。为了强化对物流配送的控制，亚马逊对"预测式发货"的设计是，虽然包裹会提前从亚马逊发出，但在用户正式下单前，这些包裹仍会暂存在快递公司的转运中心或卡车里。

第六章 大数据与个性化营销

为了决定究竟要运送哪些货物，亚马逊还会参考之前的订单、商品搜索记录、愿望清单、购物车，甚至包括用户的鼠标在某件商品上悬停的时间等。可见，要对这些数据信息进行快速分析，是离不开大数据技术的。

从目前来看，亚马逊主要是在正式收到用户的订单后，再通过自有仓储中心将商品打包，然后等待快递公司的卡车前来取货，最后再将商品直接送到用户家中，或者通过中间渠道转运到最终的目的地。在亚马逊实施"预测式发货"后，显然传统的配货时间会大大缩短。

其实，从亚马逊的"预测式发货"中，我们还可以看到电子商务领域的一个趋势，那就是通过种种方式提前预测消费者的需求。亚马逊便是在充分利用其掌握的庞大数据，根据其对用户的种种了解，便可依据多种因素来预测用户的需求，并为用户提供相应的个性化服务做好准备。再者，营销的本质便是一种服务，企业努力为用户提供高质量的服务，本质上也是为了更好地推动营销的开展。

亚马逊从诞生开始就积极运用大数据，从而给用户提供个性化的服务，给予用户更好的体验，也促进了企业更快地发展。给我们的启发是，企业要高度重视对数据的运用，要将对数据的应用作为改善与提升营销服务的重要手段。

保险业走向定制化营销

传统的保险行业主要通过精算[①]模型进行保险产品定价、分析顾客的需求以及预测市场走向,相对而言,精算模型侧重于对若干维度进行量化分析,像生命表、疾病表、住院发生率等指标通常是考虑的重点。在互联网时代,信息日益碎片化,我们在掌握顾客的需求时,甚至要考虑到实时化的数据,而传统的精算模型主要建立在以往数据的基础上,在充分反映风险的复杂性方面有些力不从心。

于是,在大数据的背景下,保险行业得以在消费者更多信息的基础上,分析顾客的需求。

比如,我们通过对网络消费的数额、职业、学历等数据进行分析,可以作为保险需求分析的重要部分;我们还可以通过搜集互联网用户的地域分布、搜索关键词、购物习惯、浏览记录和兴趣爱好等一系列数据,在保险产品的消费中实现对顾客的需求定向、偏好定向,真正做到精准化、个性化营销。

所以,在保险行业中融入大数据的分析,可以解决传统精算模型中的风险控制问题,从而为客户制定个性化的保单,再运用社交网络,改

[①] 精算,是依据经济学的基本原理,运用现代数学、统计学、金融学及法学等的各种科学有效的方法,对各种经济活动中未来的风险进行分析、评估和管理,是现代保险、金融、投资实现稳健经营的基础。

善产品和服务，影响目标客户，通过对已有信息的分析，保险公司可以获得更准确的定价模型，为客户提供个性化的解决方案。

我们以国内一家著名的保险公司——泰康人寿保险公司为例。在过去，泰康人寿对客户的分类局限于"客户属于哪一类"，而现在，则扩展到"客户是哪一类"，在精确性和可操作性方面有了显著进步。这其实离不开保险业对大数据的积极运用。

以前，有些问题似乎对于保费没有什么影响，比如"什么星座的人喜欢买保险？""哪个地区的人喜欢给自己买保险？"等等，而在互联网大数据时代的背景下，也成了保险企业定位客户的参考因素。在泰康人寿对保单数据的分析中发现，最喜欢买保险的是天秤座，而最不喜欢买保险的是白羊座等。

上述结论看起来没有什么"道理"，但却是泰康人寿通过对大量的数据进行分析得出来的结果，并在实践中有大量可以佐证的数据，因而这些结论在泰康人寿的个性化营销中也可以起到一定作用。其实，除了泰康人寿，还有很多保险公司都希望获得更多的营销信息，从而使客户更喜欢自己的产品和服务。

显然，保险公司要发现很多不为人知的、营销背后的信息，就需要更多地收集来自客户的数据信息。为此，保险公司积极进行各种努力去收集客户的信息。举例来说，在网上购物中有一项"退运险"或"运费险"的保险。

据统计，该类保险产品的索赔率在50%以上，保险公司的利润也只有5%左右，如果只是从获益的角度来分析，保险公司做这类产品可能"价值"不是很大。但实际中，很多保险公司都有意，甚至愿意去开发这类保险。一个重要原因是，客户购买退运险后，保险公司就可以获得该客

户的基本信息，包括手机号和银行账户信息，并能够了解该客户购买的产品，从而实现营销信息精准推送。假设该客户购买并退货的是婴儿奶粉，那么保险公司就可以估测出该客户家中有婴儿，从而向其推荐关于儿童疾病、教育等相关的保险产品，这显然有助于保险公司个性化营销的开展，也要比那微薄的5%利润更有吸引力。

另外，与以往相比，在互联网大数据时代，保险企业从未能够获得过有如此多维度、低成本的数据，而且能够确保这些数据成系统、及时地提供给保险企业。在传统精算中，研究的主要是评估数，很少涉及个案，例如，保险公司卖车险的时候，考虑的因素有年龄、性别、收入、职业、教育、婚姻状况、驾驶记录等，但是，通过大数据的分析，可以进一步解决现有的风险控制问题，为客户制定个性化的保单，并运用社交网络，改善产品和服务，影响目标客户；通过对已有信息的分析，保险公司还可以获得更准确的定价模型，提供个性化的解决方案，根据客户的需求，为客户提供定制化的保险产品方案。

我们再以旅游保险为例。当下，随着人民生活水平的日渐提高，旅游的消费水平也不断提高，出游的人群日益多样化；同时，旅游业如何尽可能规避游客在旅行中所存在的各种潜在风险，也成为旅游业亟须解决的一个问题。于是，旅游保险逐渐走俏，旅游保险"定制化"需求也越来越明显。

据统计，在2014年度，仅北京市就接待游客2.61亿，比上年增长3.8%，实现旅游收入4280亿元，同比增长8%；同时，国人的出境游市场也是增长强劲，也是在2014年度，我国出境人数已经达到9800万人次。

旅游业的蓬勃发展，以及人们旅游消费观念日益趋向成熟，使得人们对旅游风险的预期也显著增强。因此，在旅行途中和目的地的安全保障情况，越来越成为影响人们旅游出行的重要选择。实际上，如果旅游风险得不到有效保障，旅游事故得不到及时处理，将会严重影响旅游者的出游心情与损害旅游地的形象，并直接导致旅游人数的减少。

目前，游客所涉及的保险通常有3种，分别是旅行社责任险、旅游人身意外险、交通工具意外伤害险。这些险种，分别承担着旅行社在组织旅游活动过程中因疏忽、过失造成事故所应承担的法律赔偿，以及游客遭遇外来的、突发的、非疾病导致的意外和乘坐交通工具期间，因遭受意外事故导致身故或残疾的赔偿。

现在，随着境内、境外旅游人数的逐年攀增，旅游安全事故也在频繁发生，安全问题变得日益突出，安全隐患甚至无处不在，旅游保险作为社会风险防范体系的重要组成部分从中起到了重要的作用。

另外，我国未来的旅游保险市场将随着旅游人群的多样化，也成为一个细分的市场。保险公司需要通过与旅行社、互联网平台等展开合作，对游客的需求进行大数据分析，从而推出有针对性的保险产品，为客户提供更加细致入微的服务。

据相关机构数据显示，我国目前的出境游客对购买保险产品有着较高的认知度，将近90%的人会主动购买旅游保险产品；在购买保险的旅客中，直接通过保险公司购买的有30%左右，近70%的旅客都是从旅行社或者其他渠道购买。这说明保险公司需要与旅行社和其他平台积极展开合作，对游客的需求进行大数据分析，从而推出有针对性的保险产品。

我们知道，旅游保险是依附于旅游市场的。当前，我国的个性化旅游市场迅速发展，自驾车、主题游、小众游、定制游等受到越来越多游客的追捧。在这种情况下，旅游消费者对于个性化、定制化的旅游保险产品所涵盖的内容、配套服务也便有了新的需求。面对这种日益个性化的旅游活动，保险业显然难以再用单一的几种产品去营销，需要主动了解不同客户的需求，针对客户具体需求来定制相应的保险产品。这种定制化的旅游保险产品，体现了保险业的定制化营销特点，也适应了市场上客户的个性化需求。

其实，在保险行业中，不仅旅游保险面临定制化的趋势，其他险种，如寿险、财产险等都在面临着客户多元化的需求，因而也在走向定制化营销。的确，定制化营销是一种市场进步的表现，不仅为客户带来了选择上的便利，也增强了企业生产与营销的精准性。

第六章 大数据与个性化营销

读书,看报,玩手机

进入互联网时代以后,文化行业发生着巨大的变化。在过去,文化传媒的载体主要表现为图书、报纸、期刊、电视、收音机等;在互联网时代,PC机、智能手机、各种Pad纷纷进入人们的视野,成为人们生活中的常用品。现在,人们从手机上阅读正在成为一种习惯,一个典型的表现是,很多人成为"低头族",即低头看手机。

随着人们接触文化行业的介质在发生着重要的变化,文化作为一个产业,其营销方式也面临着调整与变化。那么,我们如何通过阅读介质的不同,对用户群体有个大致的分类与了解呢?这就引出了当今社会的一个现象,那就是:家境富裕的人,家里一般都会有一个小型图书馆,或者是阅览室,或者是精致的书架;那些收入水平稍逊些的中产阶层,则更喜欢把时间用在看报刊上;收入水平相对较低的人,则喜欢把时间用在玩手机上,包括在手机上阅读电子书,毕竟现在利用手机阅读的成本相对要低些。

可以说,不同收入水平的人,喜欢的阅读媒介各有特点,这也是当前文化市场上,图书、报刊、手机等媒介都能得以存在和发展的重要原因所在。其实,无论是图书、报刊还是手机,都是我们阅读的重要媒介,只是经济状况不同的人,其偏好和品位有所不同罢了。

我们当前处于大数据时代，这意味着，任何行业都在受到大数据的影响，文化行业也不例外。一般来说，文化行业的界限比较模糊，只要是做文化产品的，基本上都可以归入这个行业，例如出版图书、发行报刊、演出娱乐、影像音像制品的销售等都属于文化行业。

由于文化行业包罗的内容十分宽泛，我们要厘清这个行业，对这个行业有个清晰的认识，那么掌握数据分析技术就显得很重要。在此基础上，文化行业在面对不同消费者的需求时，才能够了解到消费者的具体需求以及变化趋势，从而明确自己可以向哪一个方向去扩充业务，做到经营上的有的放矢。

与其他行业不同的是，文化行业的产品与服务，有更高的附加值，消费对象广，消费价值也较高。对此，一家文化企业要做好文化事业，就离不开时刻确切地把握消费者的需求动态。由于客户的需求处于动态之中，在捕捉方面存在较大的难度，如果我们的营销方法与客户的需求稍差了一些，都可能发生"差之毫厘，谬以千里"的遗憾，其结果，客户可能不会购买我们的产品。

为此，文化企业尤其要高度重视个性化需求，尽可能广泛地收集、分析、管理客户的数据，为客户量身定做相应的营销方案，从而确保交易的成功率。我们不妨以迪斯尼[①]为例，它初创于美国的一个简陋的动漫工作室，现在，迪斯尼已经成为文化行业的代表之一，其动漫文化和思想，以及迪斯尼创作的米老鼠、唐老鸭、白雪公主等深入人心的动漫人物，在全球几乎家喻户晓，这也使迪斯尼成为文化产业的一个成功典范。那么，迪斯尼又是如何完成从一个小的工作室，到全球"巨无霸"

---

① 迪斯尼，于1926年创立于美国，取名自其创始人华特·迪斯尼（Walter Disney），现为全球著名的文化品牌。

文化企业的跳跃的呢？一个重要原因是，迪斯尼长期以来，高度重视数据在营销中的重要作用。

比如早在2012年，迪斯尼公司就斥资数十亿美元，研发一个名为"My Magic"的游客管理系统。该管理系统的核心，只是一个看起来很"普通"的腕带。尽管这条腕带从外表看起来，跟普通的腕带没有什么区别，但功能却不容小觑，它将成为迪斯尼收集用户信息的一个重要工具。通过这个腕带，能够记录下每一个游客在什么时间入园、游玩了哪些地方，在乐园内购买过什么食品等数据。

在用腕带收集起来游客大量的数据后，迪斯尼会对这些数据进行整理和分析，从而判断每一个人的消费内容和消费特点，然后定做个性化的营销方案。此外，迪斯尼还可以通过数据了解到游客是从哪里来的，来迪斯尼游玩的原因，并推测游客下一次到来的时间。假如迪斯尼推测出游客来乐园游玩，是由于孩子当天过生日，才陪孩子来游玩，那么迪斯尼由此推测出游客在明年的这个时间，还有可能陪孩子来乐园游玩，基于此，迪斯尼会为游客准备一场惊喜的生日聚会等，从而给游客提供更好的游玩体验。

从2014年开始，迪斯尼的"My Magic"系统进入实测阶段，并逐渐转向正式运用。其中，"My Magic"系统的腕带设备，主要用于游客数据的收集和人流监控，不仅提升了游客在迪斯尼主题乐园的游玩体验，还促进了迪斯尼个性化营销模式的进一步开展，使迪斯尼更加确切地了解客户的需求，并使得迪斯尼的服务更加贴心，为迪斯尼乐园赢来更多的游客。

迪斯尼公司的精准化与个性化营销策略，给予文化行业一个可资借鉴的思路，那就是要注重收集与营销相关的、用户的数据，进而了解客

户的个性化需求，把用户进行细致的分类，帮助客户选择最适合自己的文化消费平台，从而达到企业利润与客户满意度的双重最大化，实现企业与客户的双赢。

具体来说，文化企业要积极利用大数据技术，收集与分析客户数据，从而对客户类别进行细分，提供给适合客户的文化平台，这就如我们前面所提到的"读书，看报，玩手机"，让不同的客户都能拥有适合自己的文化消费产品。比如，在迪斯尼乐园中，就为游客提供了很多平台，那些没有识字能力的小孩，家长会给孩子阅读迪斯尼出版的动画书或播放有声读物；对于少年儿童，迪斯尼提供的文化消费平台则以电视动漫为主；对于年纪大一些的游客，迪斯尼会选择自己拍摄的动画电影。正由于迪斯尼对客户进行了细致的分类、推荐适合的文化消费平台，才让迪斯尼成为老少咸宜的文化品牌。

当前，随着文化媒介种类的多样化，文化企业是否也借鉴下迪斯尼的做法，放弃过去单一的文化媒介路线，逐渐采用多平台的文化发展路线？其实，这是当今众多文化企业需要考虑的一个问题。

另外，文化企业还可以利用大数据技术保障消费者良好的体验，为消费者提供高质量的文化产品和服务；同时，在个性化营销已经成为营销大趋势的背景下，文化企业还可以通过数据技术来分析顾客的消费手段、消费心理和文化需求，进而推断出用户的特征、习惯等，为客户提供个人定制化服务，不断优化顾客的体验。

最后，在互联网时代给文化行业带来一定变革的同时，文化行业的营销也随之调整，尤其是在大数据技术出现后，文化行业的营销，要通过数据技术去重新触摸和分析客户需求上的变化，从而为客户提供个性化的营销服务。

你进行个性化营销了吗

在大数据营销中，我们对数据的研究，最终还是为了更好地研究人本身，从而为顾客提供更具价值的营销服务。这其中，我们对数据的收集与运用，是由于数据对人的行为和追踪更加具体，有助于我们多维度地关注人、洞察人。当今社会，只有更了解客户需求，并持续满足客户需求的企业，才能赢得客户的青睐。所以，各个企业几乎都在致力于个性化营销的耕耘，努力使自己更懂得客户的需求。基于此，可以说，个性化营销已经成为企业营销中的核心竞争力。

我们知道，自从互联网行业诞生以来，每隔几年就会发生"改朝换代"似的变化，比如在2005年，搜索营销成了当时最主流的互联网营销模式，典型表现是SEO[①]受到人们的大力追捧；2011年以来，社会化营销（也称"社交化营销"）兴起，又有超越搜索营销的势头，社会化营销的典型代表有美国的Facebook、中国的新浪微博与腾讯微信等。据统计，在2011年，Facebook在美国的总营业收入达到37.11亿美元，正式超过Yahoo和Google这两大搜索引擎巨头，成为美国最大的在线广告商，

---

① SEO，英文全称Search Engine Optimization，中文译为"搜索引擎优化"，主要是指在了解搜索引擎自然排名机制的基础上，对网站进行内部及外部的调整优化，改进网站在搜索引擎中的关键词自然排名，获得更多流量，从而达成网站销售及品牌建设的目标与用途。

在全球拥有8.45亿月活跃用户。在我国,新浪微博、微信等社会化营销平台也有强劲的发展,比如,截至2014年3月,新浪微博的月活跃用户达到近1.44亿;而微信则截至2015年第一季度,已经覆盖中国90%以上的智能手机,月活跃用户达到5.49亿,用户覆盖200多个国家、超过20种语言。

可见,社会化营销正在确立一个不亚于传统搜索引擎的在线营销新市场。社会化营销的一个显著特点是,网民不再是纯粹的消费者,而是通过UGC(User Generated Content,用户生成内容)兼具了生产者和参与者的角色;媒体在继续扮演生产者的同时,也是组织者、平台提供者、参与者与纽带;对于广告主而言,品牌曝光不是唯一追求的指标,还同时需要追求互动、参与、沟通以及营销的实效。

在这种情况下,各种营销数据的增长速度是惊人的。这是因为,社会化营销正在将过去由商家单一地生产内容传播给消费者,变为消费者也参与营销当中,并可以畅所欲言地谈论自己对某些产品和服务的感受,从而产生出更多的营销数据。企业可以充分运用这些社交化数据,进行数据分析,为客户提供个性化的产品与服务,使得营销信息源于客户参与的社交活动,再返之于客户,实现营销的闭环。

其实,大数据近几年的兴起,也是与社会化营销的迅速发展分不开的。因为社会化营销产生了大量的碎片化数据,再者,人与人每天都处于沟通之中,社交数据无时无刻不在被生产,各种消费动态也都分布于浩瀚的社交数据中。于是,在一定程度上催生了大数据分析技术,促进了大数据时代的早日到来。

随着社会化营销的兴起,企业对社会化营销的关注和投入日益增多起来,截至2015年4月,全球社交网络广告的支出达到237亿美元。其中,美国和中国两国就占了超过一半的份额,美国社交网络广告的收入达到96亿美元，占全球份额的40.5%；中国社交网络广告的收入达到34亿美元，占全球份额的14.4%。

社会化营销巨大的市场，源于其迎合了当今市场上个性化需求、能够与客户充分互动等的趋势。这在一定程度上重构着互联网平台的转型，目前在国内，无论是传统的搜索引擎、门户网站，还是视频网站、博客网站等，都越来越表现出较强的社交互动属性。我们从满足广告主需求的角度来看，可以说，传统的互联网厂商已经在有意识地借助开放和社交的力量，对自身的传统业务进行社交化改造。

我们对社会化营销的蓬勃发展进行深入研究，可以得出一个结论，那就是：越来越多的企业选择去做社会化营销，是因为社会化营销能为客户提供极为便捷的个性化服务。我们不妨举个例子，天猫网上有阿里旺旺这样的社交软件，顾客登录一个天猫店铺进行购物时，如果想问什么问题，可以直接点击店铺上的阿里旺旺，与商家的客服人员进行沟通，顾客可以将自己的想法和需求及时告知商家，同时，商家也可以根据顾客的具体需求，进行一对一的个性化交流和服务。最终，如果商家的产品与服务能够与顾客的需求实现有效对接，就成交；否则，顾客再去其他店铺购买。在这里面，顾客与商家的沟通，有助于商家进一步了解客户的需求，从而为顾客提供有针对性的服务。

在非社交平台都日益重视社交功能的情况下，那些靠社交软件起家的平台更是不容懈怠，并尝试新的营销布局。比如，腾讯已经全面启动了社会化战略，一方面展开腾讯社会化媒体和社交网络的内部融合，实现对旗下腾讯网、腾讯视频、腾讯微博、QQ空间、微信等平台的社交化改造以及平台融合；另一方面，腾讯微博与QQ空间实现了全面的融合，形成了腾讯全网内一个很大、很活跃的社交网络。再者，腾讯还通过关

系图谱与兴趣图谱的融合，实现内容互通、权限互通、用户管理后台互通，整合资源、形成互补，从而提升用户的黏性和体验。

社会化营销突飞猛进地成长，与其具备的强大营销潜力密切相关，这种营销潜力又建立在互联网数据的基础上，建立在对客户及客户行为的理解和分析基础上。在大数据时代，以用户行为为核心的系列数据将是海量的，企业可以根据这些海量数据有针对性地开展个性化营销。

同时，大数据时代的社会化营销重点是理解消费者背后的海量数据，挖掘用户需求，并最终提供个性化的跨平台的营销解决方案。这期间，网络媒体也正在从单纯的内容提供方进化为开放生态的主导者，消费者也成为网络传播内容重要的生产者，从而使企业能够更好地理解客户的综合需求，使企业的营销工作更具针对性、精准性和个性化。

最后，在个性化营销已然成为企业核心竞争力的今天，谁更了解客户，谁能为客户提供更具个性化色彩的需求解决方案，谁能为客户提供更具满意度的服务，谁就能拥有客户。那么，在这个大数据时代，您是否在进行着社会化营销的尝试和努力呢？

第七章
大数据与营销策略

- ☑ 补补营销策略
- ☑ 大数据下的营销策略
- ☑ 企业节假日营销
- ☑ 运营商降低营销成本
- ☑ 让数据说话，用数据决策

补补营销策略

所谓营销策略,是企业以顾客需要为出发点,根据经验获得顾客的需求量以及购买力的信息,有计划地组织各项经营活动,通过相互协调一致的产品策略、价格策略、渠道策略和促销策略,为顾客提供满意的商品和服务,从而实现企业营销的目标。

一般来说,影响企业营销策略的因素有宏观环境因素和微观环境因素。所谓宏观环境因素,是指企业运行的外部大环境,它对于企业来说,是不可控制的,但又对企业营销的成败起着十分重要的作用。

这些宏观环境因素通常包括:人文环境,比如人们的观念、信仰、认知程度、风俗习惯以及人口结构等;经济环境,比如企业市场所在地的经济发展程度、人均收入状况等;自然环境,比如自然资源的良好程度等。除了这些,通常还有技术环境、政治法律环境等。这些外部环境影响企业营销策略的制定和实施,因此企业在制定营销策略时,要对这些外部环境予以足够的研究和重视。

所谓微观环境因素,是指存在于企业周围并密切影响其营销活动的各种因素和条件,包括资源供应者、竞争者、公众以及企业自身因素等。这些微观环境因素通常是企业在经营中可以进行调整的,比如企业与供应商的关系,是一种双向的关系,企业的营销策略可以对这种关系产生影响等。

另外，营销策略显然是为营销服务的，那么，企业的营销策略要起到什么样的目的呢？用简单的方法描述就是："让顾客在不买的时候会记得你，要买的时候就想起你。"企业要努力让顾客熟悉你，这样的话，才能记得你、想起你。这也就是为什么很多企业拼命地砸钱、拼命地做广告。这样做的目的，除了产生当下的销量，还在努力建立起客户对产品的认识，从而让产品变得好卖。

我们知道，当前市场竞争激烈，一个重要表现是，同类产品都在做着广告。对于很多同类企业来说，市场就这么大，各个企业对市场的占有是一种此消彼长的关系。企业在制定营销策略时，面对同类企业的竞争，一般有这样4种营销竞争策略：一是直接与竞争对手竞争，这通常需要企业自身具备较强的竞争实力，对于企业的要求也会高些；二是使竞争对手难以反击，这通常要求企业具备一定创新性，让竞争企业来不及做出反应，自己便已领先；三是不战而胜，这主要是通过抬高行业进入门槛，使一些竞争企业不得不退出要竞争的领域；四是与竞争对手合作，这通常是由于竞争的双方势均力敌或资源互补，通过合作，实现共赢。

我们在具体制定营销策略时，要重点考虑4个方面，具体如下：

（1）消费心理分析

企业只有掌握了消费者为什么要购买产品，才能制定出有针对性的营销创意。我们知道，营销是以消费者为导向的，根据消费者的需求来生产产品，如果仅做到这些显然还不够，企业还需要对消费者的消费能力以及消费环境进行足够的分析，才能使整个营销活动获得成功。举例来说，脑白金当时之所以能够畅销很多年，在于其广告能够深刻洞悉消费者的心理。比如，在脑白金的广告中，其广告词"今年过节不收礼，

收礼只收脑白金"实际上利用了国人在过节时爱送礼的特性,广告中两个活泼老人的形象,又在无形中驱使晚辈在过节时选择脑白金来送给老人。通过对消费者心理的深入分析和把握,脑白金借助这些广告获得了不错的销售业绩。

（2）市场环境分析

这主要是为了了解产品的潜在市场和销售量,以及竞争对手的产品信息。企业只有正确掌握了市场需求,才能做到减少市场失误,从而将市场风险降到最低。我们再以凉茶为例,凉茶向来为南方地区的消费者所热衷,这主要是由于南北方气候、饮食上的差异,所以应该将主要的营销力量集中在南方城市,如果营销定位错误,将营销力量集中在北方城市,便是缺乏对市场环境的足够分析,其结果可能会无法给企业带来较好的市场效益。

（3）产品优势分析

这里面主要包括对本品和竞品进行分析,做到知己知彼。在营销活动中,本品难免会被拿来与其他产品进行对比,如果我们无法了解本品和竞品各自的优势与劣势,就无法打动消费者,从而难以让消费者决策的天平偏向我们。在营销中,通过足够的营销手段,让消费者了解到本品的优势,进而产生购买欲望是营销活动中重要的环节。

（4）营销方式和平台的选择

企业需要根据自身实力与产品的特点,选择适当的营销方式和营销平台。在过去,企业可能采取在报刊、电视上登广告,后来有了互联网,又开始在互联网上投放广告,接着是做百度点击付费类型的推广广告等。这些广告营销方式的演化背后,所反映的一个重要原因是,消费者使用媒介的变化。现在,我们已经进入了大数据时代,海量线上与线下的数据都会被大数据系统所收集，整个营销环境在大数据的生态体系里，于是，企业在制定营销策略时，就不能不考虑大数据的作用。

营销本身是一个较复杂的体系，尤其是近几年越来越多的营销方式不断呈现，几乎让人眼花缭乱。但归根结底，所有的营销活动基本都是通过上述4个方面来进行的。无论做什么事，都要厘清思绪再去做，我们明白了营销策略的四个要点，那么根据营销工具的变化，就便于我们做出好的营销创意。

我们接下来再看制定营销策略的具体操作方法。在这方面，我们通常使用7个步骤：第一步，要明白我们的客户是谁，在此基础上对客户进行分类，比如重点客户、非重点客户等，务必对客户群体进行定位；第二步，要明白产品的卖点是什么，你是否将产品卖点打造成了客户的买点，一般来说，客户的需求包括显性需求、潜在需求以及趋势性需求，把握了这些方面，我们就可以进入下一步骤；第三步，我们的营销策略靠谁去执行，这主要是营销队伍的建立以及口碑营销的问题；第四步，要明白谁是你的竞争对手，如何超越你的竞争对手；第五步，要用客户听得懂的语言与客户进行沟通，只有这样，你的营销才能"接地气"；第六步，要重视品牌建设，品牌相当于信赖感，有了品牌，客户对你就有了信赖感，才能够做大做强；第七步，其他策略，比如降价策略等，企业要根据对市场的敏锐洞察，做出相应的判断。

我们到此对企业的营销策略有了一些了解。接下来，我们要深入了解的是，在大数据时代，企业的营销策略会产生怎样的创新和变革？

大数据下的营销策略

大数据开启了一次重大的时代转型,就像望远镜能让我们感受宇宙、显微镜能让我们观察微生物一样,大数据正在改变着我们的生活方式。在大数据时代,我们不再纠结于小数据时代挑选样本去推导因果关系,而是在接受"样本即总体"和事物之间普遍的相关关系。在这种情况下,处于当今移动互联网时代、大数据化运营的大环境中,企业的营销策略也在发生着一系列重大的转变。

大数据时代的核心是预测。基于大数据的预测,有助于减少我们在制定营销策略时的盲目性。另外,大数据发展的核心动力,源于人类测量、记录和分析世界的渴望。当前,信息技术变革随处可见,就以往来看,信息技术变革的重点在于"技术",而在大数据时代,我们对获取便利的数据所具备的处理能力越来越强大,从而使信息技术变革中"信息"的重要性得到凸显,也让信息影响到了我们经济生活的方方面面,包括企业的营销策略。

举例来说,早在2009年,Google就尝试通过分析5000万条美国用户最频繁检索的词汇,然后将用户的这些搜索行为与美国疾病中心在2003年到2008年季节性流感传播时期的数据进行比较,并建立了一个特定的数学模型。最终,Google成功预测了2009年冬季流感的传播,甚至能够具体到特定的地区和州。基于这种大数据预测,既有助于人们提前预防流感,也便于为企业的营销方向提供有益的参考,并使企业能够进一步针对顾客的具体需求来开展服务。

图18　大数据影响营销策略走向

相比较而言,在大数据时代以前,企业在制定营销策略时,所收集和依赖的信息,主要是通过收集消费者信息、购买记录等小量精准数据来推导相应的因果关系,进而制定营销策略。通常情况下,企业从获取小量样本到数据分析,再到制定营销策略,在时间上会有一些延迟。

然而,在互联网,尤其是移动互联网时代,信息可谓瞬息万变,过去制定营销策略的模式已经无法实现企业所期望的营销效果。通过大数据分析营销活动的现状和预测未来,则越来越准确,因此,企业也越来越倾向于采用大数据技术制定营销策略。

过去在制定营销策略时,由于样本量有限,企业比较重视一个问题的来龙去脉,因此,企业的营销策略比较关注一种"为什么"的因果关系。然而在大数据时代,数据量过于庞大,数据之间又存在着复杂的相关关系，在这种情况下，我们往往可以获悉事物之间的相关性，但对海量数据的因果关系，相对而言，就变得不再那么迫切，关键是要知道解决问题的方法，尤其在于答案"是什么"。

举例来说，亚马逊的推荐系统梳理出了很多有趣的相关关系，但不知道背后的原因，说明"知道是什么就够了，没有必要知道为什么"。在以前的小数据世界里，知道相关关系是有用的，但在大数据时代背景下，相关关系则大放异彩。

通过相关关系，我们可以比以前更容易、更便捷、更清楚地分析事物。大数据的相关关系分析法更准确、更快，而且不易受偏见的影响。通过探求"是什么"而不是"为什么"，相关关系帮助我们更好地了解世界，了解商业，从而更好地制定营销策略。可见，在大数据时代，我们不必非得知道现象背后的原因，关键是要让数据自己发声，让数据更好地为我们所用。

其实，大数据与我们的时刻同在，是希望对用户有更进一步的了解，从而为用户提供"差异化"的服务。在营销中，有个"80/20"法则，即"80%的客户占有20%的市场，20%的客户占有80%的市场"，这就决定了企业的营销战略，如何进行差异化定位支撑取决于大数据分析。

这个时代是一个去除"普遍化"，而着重"差异化"的时代。在多种可选对象中进行选择，总是基于差异性。80/20法则告诉我们一个道理，即在投入与产出、努力与收获、原因与结果之间，普遍存在着不平衡关系。关键的少数，往往成为决定企业营销的效率、产出、盈亏和成败的主要因素。

因此，我们在制定营销策略时，选定其中有突出性贡献的部分予以集中力量经营，体现出营销策略中的"差异化"特点。要做到这点，我们可以通过大数据分析来落实。

在大数据时代，数据如无穷的宝藏，取之不尽、用之不竭，我们可以在这些数据基础上进行不断的创新。对于数据的运用，几乎没有止境，即使我们从数据挖掘中获得了一定收益，但其真实价值仿佛悬浮在海洋中的冰山，我们看到的还只是冰山一角，绝大部分隐藏在表面之下。

因此，对于大数据的挖掘是一个持续的过程，数据的价值也会被不断地从深层予以挖掘。那么，在大数据时代，企业在利用大数据分析制定营销策略时，通常有3个考虑，具体如下：

（1）快

在互联网和大数据时代，网民的行为是快速动态变化的，这就要求企业借助数据分析，需要快速进行营销的动态调整，以快速顺应这种变化。其中，企业一方面要引导消费行为，另一方面要借助口碑，提升品牌和企业的传播力度。

（2）准

大数据的价值在于能准确记录消费者的信息轨迹，从而获取消费者真实的行为、态度以及对于信息的反应，能够准确定义消费群体、信息接触点，准确指导营销动作。所以，利用数据的准确性，我们不仅要注重消费者信息接触点是否准确，更要向消费者推送准确的内容、诉求和信息给消费者。这便是我们多次提及的"营销要精准化"。平时，有些企业所制定的营销策略，实施的结果是引起消费者的反感，这里除了广告推送频率不当，还有一个重要原因是营销策略不精准。

（3）稳

大数据的海量一方面给营销者提供了获取消费者真实行为的便利

性，另一方面，消费者动态的行为变化也给企业造成困扰。这是因为信息周期太短，就需要企业在利用数据的时候必须要做到稳定，以免为了应付突发的信息不能考虑周全而犯更多的营销错误。要做到这点，就需要我们能够及时厘清信息的真假，合理地利用口碑。

总之，大数据营销时代将是未来若干年营销界的大趋势。如何管理和应用这些大数据，并努力控制隐私和公共空间的边际界限，制定更切合实际的营销策略，则是每个企业都要面临的问题。

企业节假日营销

在企业的营销策略中,利用节假日,以及电商平台自己制造的电商节日进行营销,是当前企业常用的一种营销策略。在电商平台自己制造的电商节日中,比较著名的有天猫的"双11光棍节"、京东的"618"、唯品会的"419"等。据统计,在2014年11月11日,天猫策划的"双11光棍节"中,开场仅38分钟28秒,交易额就冲到了100亿元,其中移动端交易额占比45.5%。

图19　天猫网的"双11"购物狂欢节

对于很多商家来说,现在很多节假日,如春节、元宵节、中秋节、元

旦、电商节日等，都为各大商家提供了较好的营销机会。另外，在各大电商网站的推波助澜下，节日营销越来越受到人们的关注。同时，借助大数据技术，企业的节假日营销所展示出的效果越来越受到人们的关注。

其实，众多电商平台不惜花大力气打造一个营销节点，一个重要原因在于打造电商平台的认知度，在消费者心目中留下深刻的印象，从而培育巨大的无形市场。例如，"买数码家电就上京东""品牌特卖去唯品会""买图书就上当当"等，当这些电商平台在消费者心中形成品牌认知后，自然就会获得流量，从而带动销售。

对于很多电商平台来说，在制造节点营销活动以前，包括淘宝、京东等在内的电商平台在门户网站、视频网站等平台上有一些固定的广告入口，这些广告入口大多是一些产品广告推送。这种日常的产品推送，在当今信息爆炸的时代，还远远不能形成消费者对其品牌的认知度。于是，从2012年开始，各电商平台越来越重视通过节点营销，进一步增强平台的号召力。同时，这种利用节假日营销的策略也逐渐成为各电商平台和商家的重要营销策略。

一般来说，营销也讲究天时、地利、人和，其中的"天时"侧重于时机，"地利"需考虑实际的地理位置商圈，"人和"则需要企业与客户建立融洽的客商关系。当下的节假日营销，便属于"天时"的一部分。

在以前，企业也会进行节假日营销，但过去传统的节假日营销更侧重于促销，或者打情感牌、考虑客户过节假日的心情等，其模式逐渐趋于同质化，传统节假日营销传播的对象也趋向于无差异化，更多的是面向普通大众。在大数据时代的背景下，节假日营销则讲究精准定位与个性化实施，从而获得更好的营销效果。

那么，节假日营销与常规营销相比，具有哪些特点呢？主要有三点，具体如下：

（1）提前预热

很多节假日营销的造势活动，须至少提前1周就要开展起来。根据我们对"双11"、情人节等节假日的研究，消费者往往会提前进行下单决策。我们以"双11"为例，其实近年来，在每年11月11日的前一周，消费者就会将心仪的商品放入购物车，只等"光棍节"0点一到，就抢着下单付款。当然，消费者的这种购物行为，也与电商平台和商家的抢购营销策略有关，即购物的前若干名能获得某些奖励等措施。

（2）更具话题性

当前，单纯的促销优惠、品牌宣传，已经难以打动消费者。在这种情况下，大数据赋予广告一定"智慧"，使得广告推送更具个性化色彩；同时，企业也在不断地运用时下的社会热点作为话题，引发消费者的兴趣和在人际交往中传播。

（3）增强精准性和个性化营销

企业在过去的节假日营销中，主要是利用节假日期间、客户比较聚集，便借助广告媒体进行宣传，很难针对具体的每一个个体；在大数据时代，企业可以利用数据分析工具，帮助广告主找到目标人群极其活跃的时间区间，强化精准营销与个性化营销，提升营销效率。

那么，对于电商平台和商家来说，要做好节假日营销，应该怎么做呢？

通常来说，要做好节日营销，首先需对客户进行精准定位，即找到人、找对人，在对用户喜好分析的基础上进行广告投放。比如，通过大数据分析，在晚上22:00~24:00之间使用视频网站的人群，多为中产阶层的年轻人，基于此，企业可以在情人节、圣诞节等最容易引导这类人群消费的节日里，在这个时间段集中加强广告投放，最大限度地锁定目

标人群。

其次，个性化实施，也就是对不同的顾客要采取适当的沟通方式。比如，我们可以基于内容分类、用户浏览记录和购物行为等数据，对目标投放人群进行分类，从而无缝地应用到广告投放中，有利于广告更有效、更精准地展现给本品牌的目标用户。

再次，传统的互联网营销模型通常是一个漏斗模型，也就是说，面向海量的用户进行品牌推广，从而形成较广泛的知名度，在此基础上，企业通过不断的营销投入，在其中一部分用户的心目中提升品牌美誉度，并使得其中更小的一部分人形成忠诚度。这个营销模型有些像漏斗，上面用户数量庞大，但到转化为客户时，数量会不断减小，宛如一个"上宽下窄"的漏斗，因而称为漏斗模型。

在大数据背景下的互联网品牌传播模型，则是针对一小部分用户，给予这些用户超强的品牌体验以及高密度的品牌情感联结，将这一小部分用户培养成"忠诚粉丝"，并由这些忠诚粉丝进行人际传播，形成更大范围的美誉度与更大范围的品牌认知度，从而形成一个巨大的品牌传播链。显然，这与传统互联网的漏斗模型具有很大的不同，新的互联网品牌传播模型更像是在一个湖面上激起一阵涟漪，然后由这些涟漪向四周扩散，再引起更远处涟漪的继续扩散，从而达到大面积的传播。节假日营销通过这样的传播方式，也可以进一步扩大影响，并实现让顾客帮你去传播。

最后，在大数据时代，节假日营销正在成为电商平台和广大商家的一个重要营销契机。只要我们积极做好节假日营销的策划与宣传，在营销中为客户提供优异的服务与满意的购物体验，我们在节假日营销中一定会做得很精彩！

运营商降低营销成本

在企业的营销策略中,关于如何降低营销成本,一直是企业长期关注的问题。在大数据时代,企业怎样通过大数据技术来降低营销成本,以提升营销效益?我们在这里以电信业运营商为例,看运营商怎样通过大数据技术来降低营销成本。

随着移动互联网的迅猛发展,人们的沟通工具和平台发生了很大的变化。过去,人们通过手机来拨打电话,现在,很多社交APP,如QQ、微信等就有语音聊天,甚至视频聊天的功能,再加上4G网络兴起、WiFi日渐普及,人们使用移动社交APP进行通话的越来越多,这在一定程度上冲击了运营商的传统通话业务;另外,移动APP上的即时聊天功能,又在很大程度上冲击了运营商传统的短信业务。对此,运营商也亟须调整营销策略,从传统业务削弱中找到新的业绩增长点。

比如,运营商Telefonica[1]与市场研究机构GfK[2]进行合作,在英国、巴西等国家和地区推出"Smart Step"业务。这一业务以Telefonica的数据为基础,向零售商、政府部门、公共机构提供基于地点的人员流动(称

---

[1] Telefonica,即西班牙电话公司,成立于1924年,是一家国际性的通信运营商。
[2] GfK,中文名称"捷孚凯",全球五大市场研究公司之一,总部位于德国纽伦堡。

为"Footfall")数据,以帮助这些机构更好地进行决策;另外,运营商还将大数据与自身的运营结合起来,尝试将大数据用于网络建设和优化,以及在拓展业务时进行精准营销等方面。Telefonica通过这些尝试与努力,在一定程度上改善了自己的运营状况。

其实,电信业运营商的营销变迁,也同其他行业类似,经历了从单一化营销到立体化营销、从粗放式营销到精细化营销的过程。早在模拟电话[①]时代,电信产品结构比较单一,主要是语音通信服务,那时电信业市场结构处于卖方市场,电信产品供不应求,所以那时的营销在电信业运营商中的地位也较弱;在进入2G时代后,电信业的产品逐渐丰富,在语音通信基础上还出现了如短信、彩信、彩铃等数据业务,同时,随着市场上电信运营商数量的增加,市场结构也逐步由卖方市场向买方市场转化,运营商间的竞争变得越来越激烈,在这种情况下,如果电信业运营商不去想办法改善营销服务,就意味着可能丧失客户、丢失市场,于是,整个电信行业开始普遍重视起营销服务。

电信业重视营销服务的具体表现有:一方面,在品牌制定上,各大运营商都制定了自己的品牌,比如,中国移动的全球通、神州行、动感地带等品牌,通过不同的品牌业务,以细分用户的类别,提供更具针对性的服务;另一方面,运营商的营销手段也多样化起来,除了采取电视、报刊、广播等传统媒体外,一些诸如门户网站、博客等互联网媒介也被广泛地应用于运营商的营销中,这使得运营商的营销体系向着立体化方向发展。

在运营商进入3G时代以后,我国随着电信业的重组,产生了三大运

---

① 模拟电话的一条电话线一般由两条导线构成,这两条线不用区分极性,可以随意交叉。模拟电话线一般是一头接交换机的用户模块,另一头接电话机,有几个电话机就需要接几对线。

营商，即中国移动、中国电信和中国联通，从而使得电信业运营商间的竞争变得越来越激烈，由此也促进了电信业营销的进一步发展。电信业在3G时代的营销主要体现为两个特点：一是立体化趋势进一步加强。电信业每一次的营销工作，从单一层面向系统工程转化，具体表现为在每一次营销中，几乎都需要传统媒体、互联网媒体、移动互联网媒体的通力合作，从而协同完成营销任务。二是精细化。随着电信业运营商运营时间的积累，电信业运营商会产生与收集大量的数据，比如消费者的入网数据、话费数据以及运营商的基站数据等，这些数据为电信业运营商开展精准营销提供了基础，并使得运营商开始了基于数据挖掘的精准营销的探索。

我国从2013年开始，电信业陆续进入4G时代，同时大数据技术也如火如荼地发展起来。由于4G具有更为快速的数据传输速度，使得4G成为众多移动网民上网的重要方式；同时，各种移动APP如雨后春笋般涌现，电信业运营商也与很多APP平台展开合作，比如用户可以在一些APP（如支付宝钱包）上缴纳手机话费等。

图20　进入4G时代的我国三大电信业运营商

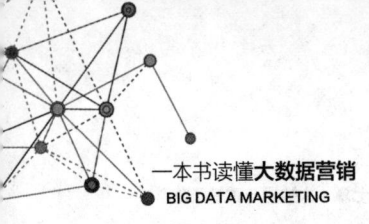

当前，电信业运营商能够获得与处理的数据在急剧增加，这些数据可以帮助电信业运营商更有效地了解用户，分析用户的使用习惯，也为电信业运营商开展精准营销提供了基础，从而帮助电信业运营商降低营销成本，增加业务收入。

在大数据时代，运营商所获得的数据主要有四大类型：第一类，是人口统计学数据，这主要包括用户在登记时提交的个人姓名、性别、年龄等，以及运营商为用户办理的手机号码等数据；第二类，是以反映用户位置为主要内容的基站①数据，这主要包括运营商的基站位置（如经度、纬度）等数据，通过掌握用户所处的位置，为用户提供更具个性化的服务，比如，用户从一个省到另一个省时，另一个省的运营商一般会给用户发送欢迎类的短信，这便是基于用户所处位置提供服务的一种形式；第三类，是用户业务数据，这主要包括用户的业务使用类型、访问过哪些网站、访问时间、各业务流量等数据；第四类，是计费数据，这主要包括用户的套餐选择数据、资费数据、购买历史数据等。

通过对这些数据的整理与分析，运营商可以得到消费者的完整画像，依据这些画像，运营商便为精准营销（包括营销内容、营销方式等）提供了基础。运营商基于大数据的精准营销，可以将消费者分为主动接触型和被动接触型两类，前者主要是指消费者主动与电信业运营商取得联系，按照接触渠道来划分，消费者接触运营商的渠道主要包括实体渠道和电子渠道，实体渠道主要有运营商的各类自建和社会合作营业厅，电子渠道主要有电话渠道（如中国联通的10010、中国移动的10086、中国电信的10000）、互联网渠道（如中国移动、中国联通、中

---

① 基站，是指在一定的无线电覆盖区域中，通过移动通信交换中心，与移动电话终端之间进行信息传递的无线电收发信电台。

国电信的网上营业厅)、移动互联网渠道等,运营商会通过这些不同的渠道为消费者提供具有个性化的营销服务;消费者被动接触型的精准营销,主要是指电信业运营商对基于大数据的分析的结果,给消费者主动推送信息(比如我们时常收到的来自中国移动10086的信息等),这是消费者被动接收的营销业务,这类业务的主要内容包括运营商推送给消费者的各种业务和套餐资讯、客户服务人员主动联系消费者的营销电话等。

总之,在大数据分析的基础上,运营商可以对营销渠道和策略进行优化调整,通过给用户提供精准化、个性化的营销服务,提升了服务水平与营销的效率,降低了营销成本,从而在移动互联网冲击传统电信业运营商多项业务的情况下,在一定程度上保障了运营商的经营业绩。

让数据说话，用数据决策

很多人可能会问：数据怎么会说话和决策呢？的确，数据本身不会"说话"和"决策"，但是基于对大数据的分析，我们可以对某个问题认识得更深刻，在决策时能够获得更多有益性的参考意见。从这个角度来看，数据确实为我们起到了"出谋划策"的作用。

我们知道，运用望远镜，能够让我们观测浩瀚的星空，运用显微镜能够让我们看到微小的生活，基于这些工具，我们既能够观摩宇宙的宏大，又能感知细致入微的个体生命。同样，在大数据时代，既有助于我们认识纷繁芜杂的商业世界，判断未来商业趋势的走向，又能帮助我们侦测细小的商机，从而把握商机、在商机中谋求突破与发展。

因此，大数据对企业的策略有着深远的影响。随着数据获取和挖掘技术的日益完善，数据呈现出前所未有的生机和活力，企业运用数据创造价值的方式也在多样化，尤其是对企业决策过程产生了深远而重要的影响，利用大数据，企业的营销决策减少了很大的盲目性，有力地促进了企业营销活动的开展。

基于此，"大数据"几乎已成为时下最火热的词汇，毫不夸张地说，当今各行各业无不对大数据充满了向往，希望自己在新一轮的大数据营销中抢占先机。同时，从大数据中引申出的数据挖掘、数据分析、数据安全等数据运用技术也成为人们热捧的焦点。其实，正如我们前面所讲的，大数据及其相关的技术，正在越来越多地植入我们的生活中，潜移默化地影响着我们的生活。

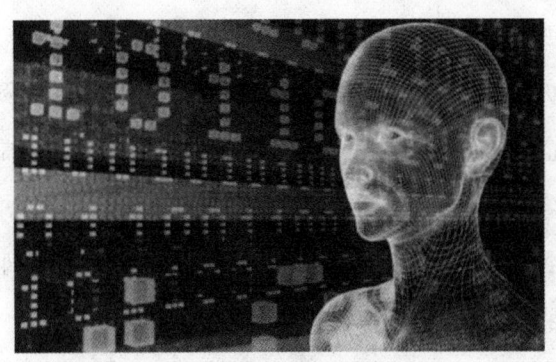

图21　大数据促进营销决策

比如，我们平时在刷微博或者网上购物时，会不时收到一些推送来的信息，诸如"可能感兴趣的人""猜你喜欢""购买此商品的人还购买了……"等信息。这些看似简单的用户体验背后，便是大数据的一个具体运用。可以说，大数据技术是基于人们对短时间内处理海量数据的需要而产生的，同时，大数据技术的运用又促进了数据的飞速增长。

美国互联网数据中心指出，互联网上的数据平均每年增长50%，每两年便可以翻一番；目前，世界上90%以上的数据是最近几年才产生的。其实，这些数据并非单纯指人们在互联网上发布的信息，还有全世界各行各业的数码传感器，都在随时测量和传递着有关位置、温度、湿度、震动乃至空气中化学物质的变化，因而整个世界每天产生的数据量是极为庞大的。

我们所称的大数据，其实不仅仅指互联网上产生的数据，还包括上

述不同平台产生的海量数据，我们在掌握庞大数据量的同时，对这些数据进行专业化处理，则可以获取大量的"数据财富"，比如为我们提供关于市场的更真实判断，从而推动企业营销的成功开展。所以，大数据正在成为一种产业，只要我们能够提高对数据的"加工能力"，便可以实现数据的"增值"。

我们不妨举一个运用大数据进行分析与营销决策的案例。对于很多快速消费品企业来说，产品在商场、超市内怎么摆放才能提高销量，一直是销售终端研究的主要课题，在过去，企业为了在商场、超市内找到更为合理的摆放位置，通常需要派专人去现场反复观察，即便这样，企业仍难以确保产品所摆放的位置最利于消费者购买。

对此，农夫山泉是这样做的：农夫山泉的业务员每天会去商场或超市，给现场摆放着的农夫山泉饮品拍摄10张照片，关键是要拍出来农夫山泉饮品怎么摆放、位置有什么变化、高度如何等，每个业务员一天内要跑15个这样的商超营业网点，并按照规定，在下班之前将150张照片传回农夫山泉的杭州总部。每个业务员，仅给产品拍照一项，每天产生的数据量会在10M左右，这似乎还不是个很大的数字，但农夫山泉在全国有10000个从事该项工作的业务员，这样的话，每天产生的数据就是100G，每月为3TB，这已经是一个极为庞大的数字。

基于这些海量的数据，企业过去想知道的问题的答案，诸如"怎样摆放饮品才能促进销售？""顾客一次购买的量有多大？""气温的变化会对购买行为产生哪些变化？""什么年龄的消费者在饮品前停留更久？""竞争对手的新包装对销售产生了什么样的影响？"等等，便都可以通过对这些数据进行挖掘和分析来获得。

我们再来看一个服装行业运用大数据进行决策的案例。在2008年后，我国服装行业普遍经历寒冬，不少企业出现库存危机。其中，作为服装品牌的阿迪达斯也不例外。在这种销售陷入严冬局面的情况下，很多企业把降价、打折等手段作为减少库存的方法，然而这些方法难以从根本上治理企业库存积压严重的问题，于是，很多企业无不在探索着解决问题的其他方法。阿迪达斯便是结合新兴起来的大数据技术，在一定程度上减轻了库存压力。

相对来说，阿迪达斯的服装产品线比较丰富，在过去，面对阿迪达斯展厅里各式各样的产品，经销商通常按个人偏好下订单，这就在一定程度上增加了订购的盲目性。现在，阿迪达斯则选择用数据说话，帮助经销商选择最适合销售的产品。

首先，从宏观上来看，一、二线城市的消费者对品牌和时尚更为敏感，因此可以重点投放那些采用前沿科技的产品以及运动经典系列的服装等产品系列；在三、四线城市，消费者更关注产品的价值与功能，诸如纯棉制品这样高性价比的服装，在这些市场会更受欢迎。基于此，阿迪达斯会根据经销商所处城市的级别，建议和指导经销商订购相匹配的服装产品，避免了经销商单独凭感觉订购产品的盲目性，增强了面向市场的针对性。

其次，阿迪达斯会参照经销商的终端数据，给予经销商更具体的产品订购建议。比如，对于有些区域的经销商，阿迪达斯经过相应的数据分析，发现普通的跑步鞋比添加了减震设备的跑步鞋更好卖，或者是当地消费者更偏爱某种颜色等，那么，阿迪达斯会将这些数据反馈给经销商，从而为经销商提供更加理性的建议。

通过对数据的挖掘，阿迪达斯解决了许多破解服装销售难的问题，从而帮助经销商采购到更加适销对路的产品，在帮助经销商减少库存压

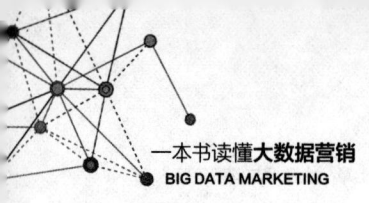

力的同时，阿迪达斯也获得来自经销商的源源不断的订单，实现了双赢；同时，阿迪达斯还从数据分析中获得了更多市场细分的信息，从而指导自己的产品不断根据市场进行优化和调整。

  总之，在现实生活中，大数据应用的案例很多，包括利用大数据进行营销决策、提高企业的营销竞争力等。在大数据时代，让过去难以进行数据决策的问题变成可能，企业在制定营销决策时，也越来越多地需要大数据提供必要的支撑。

第八章
移动端大数据营销

☑ 移动端营销的十个趋势
☑ 手机疯狂购物的思考
☑ 信用卡的移动营销
☑ 盘点微信的营销价值
☑ 手机APP的营销新天地

移动端营销的十个趋势

对于企业而言，营销推广中最大的瓶颈是难以对目标用户需求的精准把握。如果企业不能获知用户的清晰需求，就难以进行针对性的销售，这会使企业投入一些不必要的试错成本。随着移动互联网的兴起，用户可以随时随地分享信息，于是，企业通过大数据平台来随时随地掌握用户的需求也成为可能。可以说，如何更好地利用移动端与大数据平台来开展高效精准的营销，将是企业面临的最大机遇和挑战。

当前，我们的生活正在一步步地融入大数据潮流，我们每天上网都会产生大量的数据信息，对于这些数据信息，只要辅以大数据挖掘技术和应用，那么就可以产生巨大的商业价值。现在，智能手机、平板电脑等移动终端设备广泛普及，大数据、智能化、移动化也正在主导未来的营销格局。总的来说，移动端营销正在呈现出以下的十个趋势。

（1）大数据的应用让移动营销更加精准

大数据的应用让移动端营销变得更精准，主要体现在三个方面：一是精准地进行信息推送，避免向用户发送不相干的信息，以造成用户的反感；二是精准地定制产品，通过对移动端用户大数据的分析，企业可以了解用户的需求，进而定制个性化的产品；三是精准地推荐服务，通过对用户现有的浏览和搜索行为数据的分析，预测其当下及后续的需求，由此开展更精准和更实时的营销推广。

（2）APP营销成为移动端营销的主要形式

据统计，移动互联网的上网流量主要由各种APP产生，APP产生的流量占到70%以上，目前，APP的数量在IOS和Android两大移动操作系统平台上均超过了百万个，毫不夸张地说，APP已经成为移动端营销的主要形式。

现在，庞大的APP数量以及APP上的广告已经形成了一个巨大的长尾市场，即通过大数据分析，可以使用户在合适的时间、地点，看到合适的广告信息，从而增加了用户购买的机会，在整体上提升了产品的销量。据数据显示，移动APP广告在互联网广告市场中的占比逐年加大，2013年占比22.4%，2014年占比达28.6%，2016年预计达到30.8%，仅次于移动搜索广告。可见，在未来，企业基于APP的营销将会成为移动端营销的主要形式，这也是最近几年移动端APP异常火爆的一个重要原因。

图22　火爆的手机APP营销

（3）移动端营销打造O2O营销的新模式

移动O2O营销模式充分利用了移动互联网海量用户、海量信息、跨地域、无边界的优势，同时充分挖掘线下资源，促成线上用户与线下商

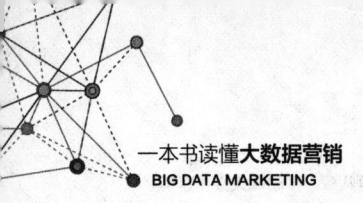

品服务的交易。在移动互联网时代，企业需要思考如何将线上和线下营销有效地整合，将线上的推广活动转化为实际的销售。

例如，著名成人品牌杜蕾斯和iPhone推出的"宝贝计划"APP，是一款用来养小孩的APP，只要两部手机相互摩擦后，就可以进入模拟养小孩的程序，如果消费者想终止该游戏，就必须买一包杜蕾斯，并扫描其上的二维码才能退出游戏。杜蕾斯的这种O2O移动营销新模式，不仅调动了移动用户的参与热情，还大大提升了企业的销量。

（4）移动电商改变整个市场营销生态

在过去，电子商务对实体店的生存构成了巨大挑战，那么移动电子商务则正在改变整个市场营销的生态。智能手机和平板电脑的普及，上网流量资费的普遍降低，大量移动电商平台的创建，为消费者提供了更多便利的购物选择。消费者在移动电商平台购物的良好体验，比如更优惠的价格，丰富的产品选择，便捷的购物流程，安全的支付系统，快捷的物流配送等，都为移动电商市场规模的扩大创造了条件。

我们在前面曾提及，2014年"双11光棍节"那天，在天猫的571亿元成交额中，移动端交易额就达到243亿元，占到总成交额的42.6%，是上一年度"双11"移动端交易额的4.5倍，这在很大程度上预示着移动电商时代已经来临。

（5）本地化移动营销的市场空间非常广阔

本地化移动营销是人、位置、移动端平台三者的结合，其发展主要体现在三个领域：一是增强现实感，二是移动支付，三是游戏化。举例来说，百度地图和麦当劳联合推出的樱花甜筒跑酷活动，用户打开百度地图，或是使用"附近""搜索"功能，就会看到一个漂浮在地图上的甜筒标识。这是百度地图结合LBS大数据分析和智能推送技术，对麦当劳甜品站周边三公里的用户进行匹配,挑选部分用户推送了"樱花甜筒跑酷0元抢"的优惠信息。用户在规定时间内跑到麦当劳甜品站,就可以免费领取樱花甜筒。这种具有一定游戏色彩的推广活动,很快引起了"樱花风暴",实现了百度地图、麦当劳以及用户的共赢。

(6) RTB成为移动广告投放的主导模式

RTB(Real Time Bidding),即实时竞价,这是一种利用第三方技术在数以百万计的网站上,针对每一个用户展示行为进行评估以及出价的竞价技术。实时竞价规避了无效的受众到达,是针对有意义的用户进行广告投放,因而受到广告主的欢迎。当前,我国移动广告市场中,RTB日益成为广告投放的主导模式,也涌现出诸如多盟、有米、芒果、木瓜等实时竞价广告交易平台和需求方平台,为企业提供移动广告营销的服务。

(7) 多屏整合成为移动端营销的必然趋势

据统计,我国消费者使用智能手机、平板电脑等多屏媒体的频率要高于世界上任何其他地区。基于此,多屏整合将成为移动营销的主导方向。这里的多屏整合包含了两层含义:一是多屏整合的大数据分析,即用户可以同时使用手机屏、电脑屏、Pad屏、电视屏、户外屏等终端,数字广告平台需要知道用户在多屏上浏览的信息和行为模式,从而通过跨屏来修正和完善对消费者的认知,让移动广告投放更加精准有效;二是多屏的整合营销,即将智能手机与PC电脑、电视、户外广告等进行较好的关联和互动,实现线上线下的整合推广。

(8) 新型城镇和农村成为移动营销市场的新蓝海

随着我国对农村地区互联网发展的重视,以及智能手机的广泛普及,当前,三、四线城市、新兴城镇和农村市场正在成为移动电商的新

蓝海。据数据显示，我国网民中，农村人口占比约30%，人数达1.78亿，可以说，农村网购市场蕴含着巨大的开发潜力。目前，我国农村居民普遍接受网购方式，网购商品主要集中在日用品、服装、家电等品类。随着我国发展战略的重心逐渐向农村迁移，我国农村地区的移动互联网及移动电商将会有更大的发展，农村地区的移动电商消费市场也将拥有巨大的发展空间。

（9）智能终端正在成为数字营销的主战场

现在，用户在智能手机和平板电脑平台上花费的时间越来越多，这直接影响了移动广告市场呈现快速增长的态势。截至2014年6月，我国网民规模达6.32亿，手机网民规模达5.27亿，手机上网的网民比例为83.4%，手机上网比例首次超越传统PC的上网比例。几乎与此同时，2014年全球数字广告市场规模将达到1460亿美元，而移动广告市场整体规模则达到402亿美元，占数字广告市场规模的比例超过1/4；我国2014年移动广告市场发展迅猛，增长至64亿美元，超越英国和日本成为全球第二大移动广告市场。可以预见，智能终端将成为数字营销的主战场，广告主也需要及时调整营销战略，结合企业自身的特点，合理分配营销预算，积极布局移动营销。

（10）建立战略联盟是移动营销平台的方向

在大数据时代，各移动营销平台建立战略联盟是发展的必然选择，这是因为，大数据时代，只有各个平台打通数据的联络，才能进一步释放大数据的能量。例如，2014年10月，阿里巴巴和优酷土豆集团在北京举办联合战略发布会，双方宣布展开全面合作，共同推进在营销领域的合作等。

移动端营销呈现的以上趋势是由其自身发展的特点决定的。它不同于传统的营销方式的时效性，一旦锁定用户，就可以长期发送营销信息并且确保较高的接收率。通过用户分享他们对产品的体验，营销范围可以扩大到更多的人群。移动端营销方式多元化，可以从文字、图片甚至语音来推广产品，拉近与用户之间的距离，更有利于营销活动的开展。

面对移动端营销的蓬勃发展，我们能做的，是清晰地判断营销发展趋势，积极主动地选择高效的营销平台、采取有效的营销方式，促进企业在每一个营销转型期都能获得稳健的发展。

手机疯狂购物的思考

我们在前面已经提及,在2014年的"双11"购物节,天猫交易总额在一天内达到571亿元。同时,这也是阿里巴巴在美国上市后,首次面向全球开展"双11"购物节,超过200个国家与地区有成交记录,在海外市场中,中国香港、俄罗斯和美国位列前三位,阿里巴巴在全球消费者中的影响力进一步显现。

在这次购物狂欢节中,来自手机移动端的购物表现远超预期,据统计,当天的移动端交易额达到243亿元,占比超过四成,而2013年移动端交易额为53.5亿元,占比仅为15%,可以说,移动端购物的发展速度是非常迅速的。

其实,在2014年"双11"这天,除天猫之外,京东、苏宁、国美、汽车之家等电商的交易额也连创新高。例如,在"双11"当天,京东的订单量超过1400万单,同比增长106%;苏宁易购的销售额同比增长487%;国美在线的交易额同比增长580%;汽车之家的订购总量接近4万辆,订购量和订购总额达到去年的两倍之多;美丽说的交易额突破5.7亿;唯品会的网络销售额达3.5亿元。

面对电商平台在购物市场中的冲击,很多传统零售企业也在积极推进渠道转型,通过与线上的电商平台联手,共同打造线上线下联动的购物狂欢。据不完全统计，在2014年"双11"当天，有28家百货商场联合天猫推出O2O专场，提供会员共享、线上下单、在线优惠券购买、移动支付等服务，从而同时开展线上、线下营销，联合发起购物节，或者与阿里巴巴等电商平台合作，力求打造多渠道、多平台的经营模式，进而增加交易额。

实际上，线下与线上的关系越来越微妙，甚至具有越来越强的互补性，比如，线下商场需要借助电商平台来增强集客能力，线上电商平台也需要线下实体店提供先天缺失的实景购物体验。当然，就目前来看，线上与线下两大类平台仍处于某种竞争态势中，在这个双转型时期，线上电商平台的优势更为明显，线下实体平台的转型尚需一个过程。

另外，在这次购物节中，我们从用户选择支付的工具来看，手机移动端占比已经接近50%，在支付领域的渗透率已经相对较高，这与移动端支付具备较好的便捷性、安全性特点是分不开的。

由于手机移动端在购物市场中所占的比重越来越大，使得众多商家日益重视在移动端开展营销。为此，除了每年的"双11"，一些国庆、春节等节日对商家来说，也是一些不错的营销时机。我们接下来看一下，商家如何在春节通过手机平台进行营销。

我们知道，移动互联网的发展使得人们在支付方式、消费方式等方面发生了巨大改变，这种变化是如此迅速，以至于众多商家不得不及时转移营销阵地，在如何运用基于大数据的精准营销、移动端营销方面，商家也在进行着努力的探索。

在这方面，我们有些数据先与大家分享。在2014年，我国网购市场的交易规模达到2.8万亿元，增长了48.7%；其中，移动端购物市场规模达

到9297.1亿元，年增长率达到239.8%。预计在2016年，消费者在移动端的网购占比，将超过PC端，成为我国网民网购的重要选择。

可见，随着移动互联网的普及、网民从PC端向移动端购物的倾斜，以及移动支付应用等的推广、各电商企业移动端布局力度的加大，还有独立移动端电商平台的发展，均将成为我国移动购物市场快速发展的重要因素。

在这种情况下，移动端已经成为商家开展营销的一个重要阵地，或者说，商家在营销时，已经无法回避移动端市场。于是，在春节前夕，商家更是进一步围绕移动终端强化了营销攻势。从目前来看，围绕移动端的营销，主要以微店、微商、代购、APP等为基础展开，尤其是包括各大电商（如天猫、京东、亚马逊等）在内的大部分商家纷纷推出自己的移动端APP。再者，为了培养用户的消费习惯，手机端往往有着比PC端更为优惠的价格和政策，这也在一定程度上增加了移动端购物对消费者的吸引力。

比如，在春节前夕，很多传统百货门店在营销中加入了明显的移动端色彩，有的商家推出了"PC端+移动端+线下门店"等多渠道购物，进行线上线下联动营销，包括推出微信支付、支付宝移动支付等，既在一定程度上减缓了顾客排队等候的苦恼，还使商家的营销服务变得更加新颖。

此外，不少商家还借助了"红包"功能开展营销。比如，有些商家推出了"微信红包""百度春晚搜红包"等活动，鼓励用户在手机上抢红包，以增加人气。同时，商家还开展团购活动，规定团购人数越多价格越低，这样的话，消费者会发动自己的微信群、朋友圈来参与。在这个过程中，有更多的用户关注了商家的微信公众号、下载了商家的APP，商家还获得了用户的通信信息，以后可以用短信和微信等方式推送其他产品信息，确保了商家与用户的长期联络。

可见，随着手机成为人们越来越难以或缺的物品，以及手机功能的日益强大，手机成为耗费人们时间极多的工具和平台，甚至很多人直接通过手机进行购物。在这种情况下，商家总是随着人们生活方式的变化而调整，越来越多的人把时间花在手机上，商家自然也只有努力把自己的广告做到用户的手机上，才能促进广告精准地送达用户；同时，在大数据时代，手机也成为产生大数据的重要终端。所以，商家在手机端的营销布局正变得越来越重要。

信用卡的移动营销

现在，银行信用卡几乎已经被人们所广泛熟知，它一方面给用户带来了资金使用方面的便捷，另一方面，也成为银行经营的一项重要业务。这促进了我国信用卡业务的快速发展，也使得整个信用卡市场在发展多年后，逐渐陷入饱和。据统计，截至2014年底，国内信用卡累计发卡量4.6亿张，当年新增发卡量6400万张，较年初增长17.9%；全年信用卡交易额为15.2万亿元，同比增长16%。同时，在2011~2014年，我国信用卡的活跃率分别为53.3%、56.1%、57.8%和58.7%，也就是说，我国信用卡发行数量虽然已经较高，但仍有4成的卡片并不活跃，即用户使用较少。

在当前信用卡发行量大、又有大量持卡客户使用频率低的情况下，发卡银行积极想办法提升持卡用户的活跃度。在这其中，以广发银行、招商银行为代表的发卡行借助大数据、云计算等新技术，竞相走上差异化营销道路，纷纷寻求精细化转型，并通过移动互联网的手段刺激市场上的用卡需求。

现在，信用卡发卡行的竞争已经不再追求单纯"数量"的增长，而是利用差异化营销服务，盘活优质用户，在玩法、产品方面不断创新，从而提高用户的活跃度。毕竟，银行为用户办理信用卡，更希望的是用户能够积极使用信用卡，而不是信用卡办下来后长期"睡眠"不用。

各发卡行在营销创新方面，积极采用了移动互联网中的若干元素。比如，在与国内第一大社交APP微信的合作方面，各发卡行几乎都很积极，纷纷开通了微信银行，促进了营销的移动化，并且取得了显著的效果。

图23　微信银行

比如，据建设银行的微信银行发布的数据显示，该行微信公众号在2014年度累计向4.9亿用户发送广告信息，还设立了"微金融""悦生活"和"信用卡"三大服务模块，覆盖了75项金融功能，为众多微信用户提供了便利。

另外，各发卡行还通过大数据等手段，来激活信用卡用户的活跃度。比如，发卡行通过数据分析和消费预测，得以掌握消费者的消费心理，并提高运营决策、品牌管理、产品开发、市场营销和客户维系等方面的效率满足消费者的个性化需求。有些发卡行会不时地给用户推送优惠信息，诸如"购物满100元前10名可抽奖"等信息，鼓励用户刷卡消费等。

可以说，移动互联网、移动支付的发展，不断推动着信用卡的营销创新。同时，信用卡产品作为消费金融领域的一股重要力量，对拉动内需、刺激消费也起到了关键作用。在这方面，浦东发展银行（简称"浦发银行"）信用卡中心便积极利用移动互联网、大数据，推出多项创新信用卡消费金融产品，包括基于信用卡的个人小额信贷业务，即电话现金分期业务，以及不限商品及商户的"自由分期付"产品，从而形成较为完整的消费金融产品体系。

比如，浦发银行依托与中国移动的战略合作，在移动支付领域进行积极探索，初步实现信用卡与手机的合二为一，并建立起一套较为全面的账户体系。据调查，88%的受访用户认可手机的移动支付功能，其中表示愿意申请信用卡的客户高达97%，特别是31岁到40岁、使用中国移动全球通服务、已拥有一定经济基础的中产阶层，对于快捷的支付功能、便捷的手机充值功能等有着更强的接受力。

同时，在信用卡发行、推广、接受市场检验的实践中，浦发银行也发现，移动支付功能受到年轻族群的追捧，其接受度、喜爱度也较高。另外，随着手机支付平台的逐渐整合，NFC手机技术的进一步完善，手机上会加载更多的便民功能；再者，手机平台也对银联受理环境进行改造，移动支付市场将非常广阔，进而改变人们原有的消费习惯，并形成一种全新的生活方式。

我们从近几年的发展实践来看，信用卡中包含的一系列消费金融产品，极大地挖掘和推动了教育、结婚、装修、购物、旅游等消费领域的需求；同时，借助于信用卡的专业授信平台，银行可以进行批量化管理和作业，对于借贷人的需求及贷后跟踪也可以有更直观的监控反馈，确保了持卡人信用风险的实时更新和款项的良好回收，进一步遏制了信用卡呆账、坏账等带来的成本。

浦发银行通过大力推动移动端的消费金融业务，不仅有效提升了持卡人的用卡率及忠诚度，还为持卡人的日常生活提供了金融便利；再者，凭借信用卡丰富的支付模式和银行专业化的管理运作，合理地引导并扩大了消费，带动了信用卡周边上下游产业的联动发展，形成了良性循环，对做大内需市场具有实际意义。

最后，在当前信用卡发行市场竞争比较激烈的情况下，发卡行可以通过积极开发手机营销渠道，为用户提供便捷的办卡服务，以及提供更具个性化、高附加值的金融服务，有助于增加用户的用卡频率，同时也为发卡行带来良好的效益。

盘点微信的营销价值

微信从2011年由腾讯公司正式推出以来，短短几年间，成为我国国内最流行的社交APP软件，伴随着海量的用户，微信的营销价值日益凸显，如何在微信上开展高效的营销，几乎成为每个企业都要考虑的问题。

其实，微信的成功绝非偶然，因为从某种程度来说，微信从更深层面洞悉了人们的沟通需求。沟通需求通常分两种：

一种是刚性需求，即无论任何情况，我们都需要和朋友及他人沟通、联系，这也是微信与其他聊天工具相同的地方。

另一种是价值需求，即微信能够创造隐形沟通，给任何人都有可能带来有用的价值。比如，你有很多朋友，但你不可能每天都会给他们打电话，而微信里的朋友圈可以分享朋友间的各种实时趣事，你随时可以了解到朋友的最新动态，通过评论、点赞，你们就可以处在相互沟通中，即使未见面也不会互觉生疏。

所以，微信，是让你时刻都能与朋友沟通交流的工具，可以说，微信不会让你失去朋友。当然，也有人说，QQ有空间，也可以分享朋友的实时动态。

诚然，或许每个人都会有QQ，但每个人却不一定有微信；QQ里的好友鱼目混珠，很多人喜欢隐身，一定程度上影响了QQ的交流效果。微信作为移动互联时代的聊天工具，其好友都是有价值的，愿意交流的，朋友圈发表的动态随时可以分组，还可以让你的动态不被一些人看见，可谓具备很高的个性化服务。

同时，微信也不同于微博。一般来说，微博粉丝混杂，关注较多，呈一对多的形式，信息往往呈刷屏状态，垃圾广告过多，商业性很强。可以说，微博是个开放的平台，平台越广，针对性就越小。而微信是私密的，具有专一性，针对不同的好友进行一对一解答，利于维护彼此间的友好关系。

再者，微信也不同于短信，从成本上来说，短信一般是平均每条0.1元，每条短信仅支持70个字（包括标点符号），且需要由运营商（如中国移动、中国联通、中国电信等）进行运营管理，而微信只需要消耗一点流量便可发布大于短信多倍字数的信息，也不需要运营商进行运营管理，使得沟通呈现更加自由的特点。

可以说，仅从发送信息成本来看，微信所需要的成本远远低于短信，对于通过WiFi使用微信的用户来说，沟通成本几乎为零。另外，微信同时具有朋友圈分享、发送视频、图片、对讲等功能，这是短信所不具备的。

基于上述优点，再加上操作简单，微信深受人们喜爱也就不足为怪了。在普通的人与人沟通的基础上，微信还打造了公众平台，专为艺人、政府、媒体、企业等机构推出合作推广业务。

微信公众平台相当于一个自媒体平台，个人和企业均可以申请公众平台账号，在公众平台上，可以群发信息、图片、语音、视频、图文等信息。

图24 微信丰富的功能使其具有很高的营销价值

由于微信用户的快速增长，大大激发了传统企业尝试微信营销、破解营销难题的积极性。与传统的营销方式不同，微信营销更需要技巧。传统营销一般仅仅为了满足自身的营销目的，发布的广告目的性很强，容易给人造成反感；微信营销的成功在于同"粉丝"沟通互动的次数，以建立"粉丝"的忠诚度，通过"粉丝"的信任和转发，企业的品牌效益自然而然地就被建立与推广了。

所以，企业进行微信营销，一定不要视同纯粹的"销售"，更多地倾向于企业品牌的推广。我们在微信公众平台上发布的内容也要宁精毋滥，所谓"精"，是指企业在发送消息时，内容要有趣实用、贴近生活，原创最佳，切勿盲目地纯粹推销产品，否则易引起他人厌恶，从而丢失信任；营销者可以适当在文章结尾留下企业的简单介绍（字数不宜过多）、二维码、关注账号等，切记不可对广告信息过度渲染，轻描淡写即可。

当今，在大数据迅速发展的情况下，由于微信拥有海量的用户，每天，甚至每时每刻，微信平台上都会产生海量的数据。因此，微信除了有众多的使用技巧可以帮助商家进行营销，其本身的大数据特性也对商家的营销产生着巨大作用。接下来,我们对微信所具有的商业价值进行如下盘点。

(1)微信号成为一个人的身份标志

每个用户都只有一个唯一的微信号,这个微信号可以说是用户在微信平台上的身份标志,通过这个身份标志便可以锁定某个用户。这样的话,微信上的每个用户便成了实实在在的人。对于从事精准营销的企业来说,在过去,数据库中的一堆手机号、E-mail地址,并不能判断出一个人的个性,那又何谈开展个性化营销呢?而微信号则不同,我们可以通过查看一个人在微信中的行为,分析出其个性来,这在一定程度上促进了精准营销的发展。

(2)微信的核心理念是为用户提供有益的服务

以微信公众号为例,公众账号不能主动添加个人用户,微信平台也不会给用户推送公众账号,所以用户添加公众账号的唯一途径就是手动添加。既然用户自己做出了添加某个公众账号的动作,就说明用户是自愿收到来自公众账号的信息的。这完全是出自于个人的意愿,一切为用户着想。如果你加了一个公众账号,发现该公众账号的信息不是自己喜欢的,你可以立即取消关注,之后就再也不会接收到它发送的任何消息,一切显得如此自由而方便。

(3)实现线上线下融合,形成闭环O2O

微信中的O2O应用,最典型的如二维码扫描,用户扫描线下的二维码,可以关注商家的微信公众平台,同时还可以通过关注商家的微信公众平台,获得某个优惠券功能的二维码,然后到商家的线下实体商店进行消费等,从而促进O2O的良性循环。

其实,微信作为一款广受用户欢迎的移动社交APP,具有的营销价

值还有很多，比如实现商家在微信上与用户自由地互动，充分利用微信支付直接形成在线交易等。总之，微信中具备强大的营销价值，希望有志于微信营销的朋友在平时使用微信的过程中，多思考、多探索，做好大数据时代的微信营销！

第八章　移动端大数据营销

手机APP的营销新天地

　　手机上的APP多为满足人们的某方面功能性需求，众多的APP则满足着人们多方面的需求，因此，手机APP成为人们上网流量的一个重要入口。

　　当今，随着移动支付不断地覆盖人们的移动化生活，人们可以将更多的消费转移到移动网络上面；同时，随着移动APP更广泛地融入人们的生活细节，APP当中逐渐形成了人们越来越多的数据信息。

　　因此，APP应用成了时下大数据收集与挖掘的重要方式。各大网络巨头也在通过不同的生活服务APP应用，对每位消费者产生的数据进行估量和测评。我们曾看到有些性质相近的APP展开了抢夺用户的大战，典型的有"滴滴打车"与"快的打车"之战，从表面上来看，腾讯与阿里巴巴争夺的是用户，但从另一方面来看，双方争夺的又何尝不是海量用户产生的大数据？

　　现在，一些大数据企业将APP作为收集数据的前端，然后通过数据挖掘技术对大数据进行分析，从而实现信息精准推送，为用户提供个性化的服务，进而提升企业的营销业绩。为此，无论是资讯类APP，还是团购类APP、购物类APP等，随着用户规模的越加庞大，数据采集的时间越久，企业对用户的需求分析就会越精确，这些APP所具备的营销价值也

就会越大。

正因为这样，我们才说，未来的APP大数据时代，将是未来的一个重要趋势。一家企业开发出一款APP后，一个重要应用是通过用户数量的增加，借助APP收集更多的数据信息，以增强APP的商业价值。

另外，我们从传统互联网到移动互联网的演进来看，用户访问互联网的入口也正在发生着变化。在过去，人们更多地依赖于各种浏览器（如IE、谷歌浏览器、火狐浏览器、360浏览器等）作为上网的入口；现在，则是越来越多的人利用各种各样的APP作为上网入口。

可以说，传统的互联网促进了PC的火爆，并造成了大量的"宅男宅女"，把很多人"拴"在了电脑桌前；而移动互联网又解放了"宅男宅女"，人们即便走出家门，也可以在现实世界中几乎随时随地享受到互联网的便利。

当然，在移动互联网时代，人们上网时，有很大一部分是通过手机APP访问互联网。在这种情况下，基于大数据的迅速发展，各独立APP在数据共享方面，也在进行着越来越多的交流，从而打破数据沟通间的壁垒，促进企业大数据营销更好地开展。

另外，在移动互联网时代，用户使用移动端上网的时间，有很多都是基于"碎片化"的时间，比如乘坐公共交通工具时、午休时、办事途中、晚上睡觉前等，因而，"打发时间"类的APP应用也跻身为人们的主要应用。那么，对于企业来说，在什么时间通过APP给用户发送营销类的信息，才能确保用户收阅到呢？我们接下来看下尼尔森公司[①]对iOS用户的手机阅读和手机视频数据所进行的统计，具体如下：

[①] 尼尔森，英文名称Nielsen，创立于1923年，总部位于美国纽约，是全球著名的市场调研公司之一。

第八章 移动端大数据营销

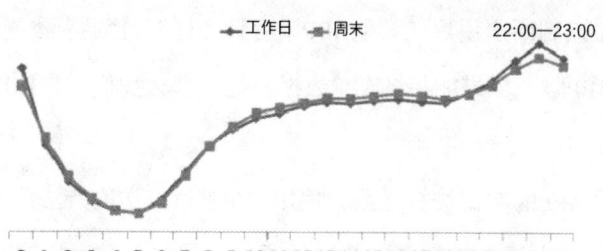

- 晚上（19:00开始）是ios用户手机阅读的黄金时间，其中22:00—23:00达到高峰。

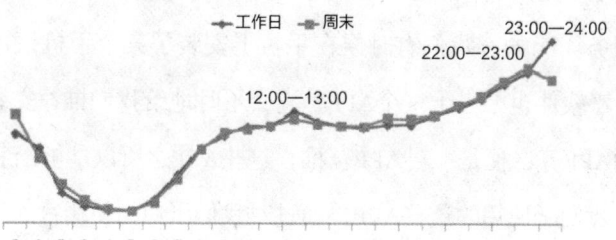

- 在工作日，白天12:00—13:00是ios用户玩手机网游的小高峰；晚上从17:00开始一直攀升至零点。
- 周末夜晚看视频的高峰在22:00—23:00，之后开始减少。

图25 iOS用户使用手机阅读和手机视频的时间

通过上图，我们可以得知，用户使用手机APP进行阅读、看视频的时间具体会有些区别，这样的话，假如商家是在阅读类的APP里做广告，则可以选择在用户集中阅读的时间段投放，以增大受众面；对于在视频类APP里做广告的商家而言，则可以根据视频类APP用户的集中上网时间予以投放，以取得更好的效果。

此外，为了给商家提供更好的营销服务，各APP之间可以采取互推的策略，比如，用户在使用一个APP时，可以从该APP跳转到另外一个APP，并打通这些APP间的数据壁垒，更好地促进数据的流动。举例来说，当我们仅在某个APP中获得单独的数据时，这些数据只是孤立的小岛，我们难以判断出用户在其他APP中有什么样的行为特征。但当我们面临更多的APP时，如果能将各APP数据打通，那么我们对数据的运用将是无穷无尽的。

当多个APP的数据被打通后，使用APP进行推送的方法便得到了明显的改善。这是由于，我们可以获取用户的全局信息，利用这些信息，我们可以更好地为用户进行个性化的推荐；另一方面，由于APP的打通，我们能更好地将用户、APP进行聚类分析，便于我们为用户推荐精准化、个性化的服务。比如，我们有时候在手机上安装了某个手机杀毒软件，这个手机杀毒软件也相当于一个APP，它会不时地给我们推荐安装些我们可能需要的APP等，便是一种APP互推，这些APP之所以能够给我们做出推荐，在于我们所使用的这些APP，通过对我们用户的使用行为的数据进行收集与分析，判断出我们潜在喜欢的APP类型或者商品类型，从而予以精准推荐。

最后，移动互联网时代的到来，其出发点便是让我们的生活更加便利，基于此，众多的APP才如雨后春笋般大量涌现。对于商家来说，结合大数据，用心研究APP里的营销机会，通过APP平台为用户精准而又个性化地推送相关营销信息，是商家推动营销升级的重要手段。

第九章
云端大数据营销

☑ 此"云"非彼云
☑ 大数据与云计算
☑ 旅游业的云端营销

此"云"非彼云

现在,"云"(英文名称Cloud)这个词汇日益热门。当然,我们这里所说的"云",并不是天空中的云彩,而是当今互联网中的一个专业词汇。"云"是一种分布式计算①技术,通过网络将庞大的计算处理程序自动分拆成无数个较小的子程序,再交由多部服务器所组成的庞大系统经搜寻、计算分析之后,将处理结果回传给用户。通过这项技术,网络服务提供者可以在数秒之内,达成处理数以千万计甚至亿计的信息,从而实现与"超级计算机"同样强大效能的网络服务功能。

图26 备受关注的云服务器

---

① 分布式计算,将一个大的应用程序分解成许多小的部分,再分配给多台计算机进行处理,从而节约整体计算时间,大大提高计算效率。

云技术在现实中有广泛的运用，我们在上网中几乎随处可见，比如，我们在一个搜寻引擎（如百度）的搜索栏中输入某一个词语，就可以瞬间得到大量信息，这便是通过云计算，使得搜索引擎具备极为快速的运算能力，从而改善了用户的体验。

当前，云技术主要有三个方面的应用。一是云物联。这里要了解物联网的概念，物联网是物物相连的互联网，其核心与本质仍是互联网，并且是在互联网基础上的延伸和扩展的网络；物联网的用户端已经延伸和扩展到了在任何物品与物品之间，进行信息交换和通信，因而更需要云计算作为支撑。

二是云安全。也就是说，云技术的使用越广泛，用户越多，那么每个使用者就会越安全，因为如此庞大的用户群，足以覆盖互联网的每个角落，只要某个网站中出现病毒[1]或木马[2]，就会被立刻截获，并将这些病毒或木马推送到服务器端进行自动分析和处理，再把病毒或木马的解决方案分发到每一个客户端，比如由用户手工删除，或者由PC机上安装的杀毒软件进行处理等，从而保障了上网环境的安全。

三是云存储。即当云计算系统面对大量数据的存储和管理时，云计算系统中就需要配置大量的存储设备，那么云计算系统就会转变成为一个云存储系统，对外提供数据存储和业务访问功能。

当前，我国提供云技术服务的企业有百度、联想、阿里巴巴、新浪等。那么，对于一些需要服务器资源，并选择和使用了云服务的企业而

---

[1] 这里指计算机病毒（Computer Virus），编制者在计算机程序中插入破坏计算机功能或者数据的代码，能够影响计算机的正常使用。计算机病毒具有传播性、隐蔽性、感染性、潜伏性、可激发性、表现性或破坏性等特征。

[2] 这里指计算机木马，全称"特洛伊木马"（Trojan horse），又称间谍程序，常被黑客用作控制远程计算机的工具。

言，能从"云"中获得哪些好处呢？我们整体上总结了五个方面，具体如下所示。

（1）服务器更加稳定

一些拥有自己官方网站或电子商务网站的企业，若其所使用的一台云服务器出现了故障，那么企业建在该服务器上的网站应用程序可以自动迁移到其他云服务器上，不会影响网站的正常使用，从而使得网站服务器更加稳定，也避免了企业的业务因服务器宕机[①]而影响正常开展。

（2）服务器的性能更高

云服务器是同等配置独立服务器计算能力的4倍，可满足高性能计算的要求。这在企业具备了大数据，并进行大数据运算时，就显得非常重要。因此，很多企业在选择服务器的时候，会重点考虑云服务器以及其所提供的服务。

（3）配置更灵活

用户使用云服务器时，可以根据自己的需要，在线实时增加配置，比如可以将存储空间扩大、提升内存与CPU的配置等。对于独立服务器而言，就缺乏这样的灵活性，假如现有的独立服务器无法满足用户在配置方面的需求，用户可能要面临重新购买一台独立服务器。

（4）安全性更好

正如我们前面所分析的，云服务器具有天然的安全性，而且快照备份，数据永久不丢失。比如，我们平时使用百度进行搜索时，会看到搜索信息的下方有一个"百度快照"，便是指百度的搜索引擎一旦搜索到互联网中的某个信息，会在第一时间将该信息存入百度的云服务器，从

---

① 宕机，计算机术语，还被称为"死机"。

而避免信息丢失。企业在使用云服务器的时候，同样能起到增强数据安全性。

（5）更加节能

云服务器是基于云计算的自动迁移技术，该技术可以把应用程序集中布置到几台物理服务器上，其他暂未使用的物理服务器就可以进入休眠状态，从而实现节能。

此外，企业使用云服务器，会减少服务器的故障，从而保障服务器的正常使用时间，也就保障了企业在数据处理方面的可靠性；再者，云服务器整合了计算、网络、存储等各种软件和硬件技术，为企业进行大数据存储与计算提供了便利。

实际上，我们在这里讲述关于"云"的知识，是因为从技术层面来讲，大数据的技术性要求很强，对于很多中小企业来说，可能主要是直接购买与使用大数据某些具体的应用，比如进行广告精准推送等。同时，云技术作为大数据的一个重要支撑，我们进行一些概念上的理解，对我们使用大数据也是有益的。下一节，我们来讲述大数据与"云"之间存在着怎样的关系。

大数据与云计算

近几年,云计算和大数据深受人们的追捧,并作为一种高科技的代名词被人仰望。那么,大数据与云计算究竟有着什么样的关系呢?对于很多人来说,这个问题或许并不是那么好解释。实际上,我们所说的"大数据营销",是大数据的一个具体应用。一般来说,我们要能够灵活运用某项营销技术,起码对该营销技术进行系统理解,这会给我们的工作带来便利。为此,我们来好好看下大数据与云计算的关系究竟是怎么回事。

从整体上来看,大数据与云计算是相辅相成的。大数据着眼于"数据",关注的是实际业务,为用户提供的是数据采集与分析挖掘,注重的是信息积淀,即数据存储能力;云计算则着眼于"计算",关注技术解决方案,提供技术实现上的基础架构,看重的是计算能力,即数据处理能力。

可以说,如果没有大数据的信息积淀,那么云计算的计算能力再强大,也难以找到用武之地;同样,如果没有云计算的处理能力,则大数据的信息积淀再丰富,也终究只是镜花水月,难以对海量的数据进行分析与挖掘。

正因为如此,我们才说,大数据从技术上来看,根植于云计算。比如，云计算关键技术中的海量数据存储技术、海量数据管理技术、编程模型，都是大数据技术的基础，并使大数据的应用成为现实。

可见，大数据与云计算的关系，也可以看成是静与动的关系。也就是说，云计算强调的是计算，这是动的概念；而大数据则是计算的对象，是静的概念。如果结合实际的应用来看，云计算强调的是计算能力，大数据看重的是存储能力。同时，二者的概念又不是绝对的泾渭分明，比如，大数据需要处理大数据的能力，如数据获取、统计等能力，这其实已经涵盖了一种强大的计算能力；另一方面，云计算的基础设施，即云服务中的存储设备所提供的主要是数据存储能力，可谓"动中有静"。

图27　云计算与大数据相辅相成

可以说，大数据与云计算存在着密切的关系。大数据是云计算技术的延伸，涵盖了从数据的海量存储、处理到应用多方面的技术。举例来说，对于电信类运营商而言，由于当前智能手机的使用数量快速增长、移动互联网流量迅猛增加，大数据可以为运营商带来新的机会，如进行用户分析、业务分析、流量经营分析等，从而为运营商提供精准营销、个性化推荐等服务。

我们在研究大数据的发展历程时可以看到，在过去，数据中心无论是应用层次，还是规模上，均未形成一个统一的有机整体。这就使得在过去的数据中心里面，各种资源都没有得到充分有效的利用。再者，传统数据中心的资源配置和部署大多采用人工方式，没有相应的平台作支持，使大量人力资源耗费在繁重的重复性工作上，缺少自助服务和自动部署能力，从而既耗费时间和成本，又严重影响工作效率。

随着当今云计算、虚拟化和云存储等新技术的出现，又再一次证明了原先那种孤立、缺乏有机整合的数据中心资源并没有得到有效利用，难以满足当前多样、高效和海量的业务应用需求。

基于此，在云计算的时代背景下，数据中心也需要向更大规模的共享平台推进，而且数据中心要能实现实时动态扩容，实现自助和自动部署服务。从实际需要来看，数据中心需要逐渐过渡到"云基础架构为主流企业所采用，专有架构为关键应用所采用"的阶段，并最终实现"强壮的云架构为所有负载所采用"，使所有数据终端都融入云端，实现软硬件资源的高度整合。

在数据中心逐步过渡到"云"的过程中，既包括私有云，也包括公有云。私有云，是指对企业现有的数据中心进行改造和架构调整，通过云计算对资源进行自动的调度和分配，实现一个自动部署、自动管理和自动运维的数据中心架构；而公有云则是由服务商建立一种基础架构，并向外部用户提供商业服务，用户可以在不拥有云计算资源的条件下通过网络访问这些服务。与私有云相比，公有云的所有应用程序、服务和数据都存放在云端，即用户的账户数据也存放在云端。

那么，云计算又是如何帮助大数据将一堆堆杂乱的信息转化成经济效益的呢？

首先，云计算是提取大数据的前提。现在，在海量数据的前提下，如果提取、处理和利用数据的成本超过了数据价值本身，那么有价值也会相当于没价值。同时，来自公有云、私有云以及混合云之上的强大的云计算能力，对于降低数据提取过程中的成本显然不可或缺。

其次，云计算是过滤无用信息的有力工具。在大数据的具体使用中，我们需要过滤出能为企业提供效益的可用数据，然后基于这些数据进行分析、挖掘和预测，从而指导营销工作。在这方面，云计算在计算方面的优势，促进了大数据过滤无用信息的开展。

再次，云计算助力企业营销的虚拟化。大数据中的可用信息将用来指导企业的决策，帮助企业开展在线营销，提升企业的营销业绩。同时，企业的很多广告推送来自于云端，在企业营销服务呈现虚拟化的情况下，还提高了企业的营销效率。

最后，我国在互联网服务方面具有领先优势，目前也已成为世界上云计算领域处于领先地位的国家。这为我国企业更好地利用云技术为实际应用服务，提供了便利性。我们接下来看大数据与云技术在具体行业和领域中的运用。

旅游业的云端营销

云计算的概念由美国谷歌公司在2006年8月最早提出，如今"云计算"已经成为一个出现频率很高的词汇。当大数据也逐渐为人们所熟知和重视后，那么，基于二者的综合运用开展营销服务，成为很多行业进行积极探索的方向。我们以旅游业为例，旅游营销的核心思想是追求服务的高效率、高质量和高境界。

那么，什么是旅游服务的高效率、高质量和高境界呢？就是通过云管理平台，为旅游者和居民提供全天候、全空间、全事务性的旅游服务。用一句话来说便是：无时不在，无处不在，无事不在，无人不在。要做到这点，我们对多种营销方式进行比较，发现也只有云服务才能实现。因此，大数据时代的"云端"旅游营销在当前与未来的在线旅游服务中起着重要的作用。

据《中国在线旅游市场发展趋势白皮书》（2012—2015）统计，早在2011年，全球旅游市场份额已达到9100亿美元，其中线下交易额为6260亿美元，线上旅游市场份额为2840亿美元，占比31.2%。从全球在线旅游市场规模的增长趋势来看，从2009年到2013年，每年保持10%以上的增长势头，占全球旅游市场31%的份额。预计到2015年度，全球在线旅游市场的交易正在成为全球电子商务交易最大的产业之一。

比如，我国2012年在网上预订过机票、酒店、火车票和旅行行程的网民规模就已达到1.12亿，占网民比例的19.8%。目前，旅游在线预订用户的规模已经超过了1亿人，在线预订已经成为居民旅游出行的主要消费方式，在线营销也成了旅游营销的重要手段。

可以说，随着互联网时代的到来，旅游业与互联网相结合，便促生了旅游电子商务，在线旅游网站也迅速发展起来。人们通过网络，就能获得旅游目的地的详尽信息，并完成旅游产品的购买。当前，根据旅游网站的侧重内容与功能的不同，旅游网站主要可以分为四种类型：

一是目的地型旅游网站，这主要是提供如何将游客送达旅游目的地，以及开展旅游目的地的导游服务等；

二是产品型旅游网站，比如将一个旅游线路包装成一个旅游产品，这方面的代表性网站有携程网、去哪儿网等；

三是社交型旅游网站，在这样的网站中，用户可以在线沟通，进行交流；

四是特殊旅游目的的旅游网站，这主要是提供一些特殊的、非常规的旅游线路，比如探险旅游等。

其中，社交型旅游网站将社交功能作为其主要特点，很少考虑电子商务的功能，它们并不是靠直接销售旅游产品来获取收益，而是通过聚集起人气后，再从中获得广告等收益。其中，发展较好的社交型旅游网站有蚂蜂窝与穷游网。

蚂蜂窝于2006年上线运营，是一个相互协作、共同分享的旅游出行平台，可以为旅游爱好者提供交流平台、结伴出游、交流摄影、寻找爱旅游和有共同爱好的朋友，一起分享旅行的乐趣。

穷游网于2008年正式运营，主打出境旅游，它的网站内有一个板块

为穷游论坛，这一论坛成为业界出名的旅游虚拟社区，在这个旅游虚拟社区，可以进行寻找驴友、写作旅游攻略等多种虚拟社交活动。现在，越来越多的旅游者在出行前会对出游目的地进行了解，通过网站，他们可以根据其他网络用户的攻略了解到目的地签证、交通、住宿、餐饮等旅游基本信息，从而为自己即将到来的旅行搜集好信息，以获得更舒适的旅行体验。甚至还有些用户在使用过旅游社交网站，并旅行完后，还会将自身的旅行经验发表在该网站上，成为网站的资深用户，具备在这个社区内与其他成员进行更广泛互动的能力。

当前，我国在线旅游的发展特征主要包括：

一是网络巨头与现有的在线公司进行合作，或直接进军在线旅游行业，比如阿里巴巴就推出了"阿里旅行：去啊"的旅游网站，开展旅游营销服务；

二是在线旅游企业将进军酒店业或旅行社，由代理变为直销；

三是通过兼并在线旅游企业，进行市场重组，整合社会资源；

四是在线旅游运营进行科技创新，提高旅游网站的科技含量，并具有科技标识。从总体上来看，我国的在线旅游运营商将会向大型化发展，并努力延伸自己的业务范围。

在这种情况下，基于云技术的优势，"云端"旅游营销也正在成为在线旅游业开展营销的重要方式。在进行具体的"云端"旅游营销时，主要方式有四种：

第一，利用社会化网络，通过业内人士进行营销；

第二，深度挖掘客户数据，精准提供客户感兴趣的旅游产品；

第三，利用客户的共同需求，在客户内部实现交叉销售；

第四，利用互联网，结合航空、银行、旅游网站等资源，迅速发展

第九章 云端大数据营销

会员。

在当前，电子商务与旅游中心的线上线下联动，使电子商务、旅游门店、旅游零售服务商一起，形成了全方位、立体化的营销新模式。另外，随着我们进入移动互联网时代，我们利用云技术与大数据可以为旅游者线上提供网络营销推广、线下提供产品服务支持，从而更好地提升用户的体验。这些服务支持主要包括：

旅游前，旅游服务中心提供旅游产品供应、品牌宣传、门店咨询及销售、旅游产品推介会和出游准备会等；

旅游中，旅游中心提供地面接待、导游服务、突发事件处理、会员权益提供等，电商中心则提供游览攻略的自我向导、自我服务、交通和重要景点等行程提醒；

旅游后，旅游服务中心提供游客投诉意见处理、游客筛选促销、旅游产品优化和开发，电商中心提供游客忠诚计划、市场信息收集、游客满意度调查和客户点评等体验信息收集、游客行为等市场数据分析。

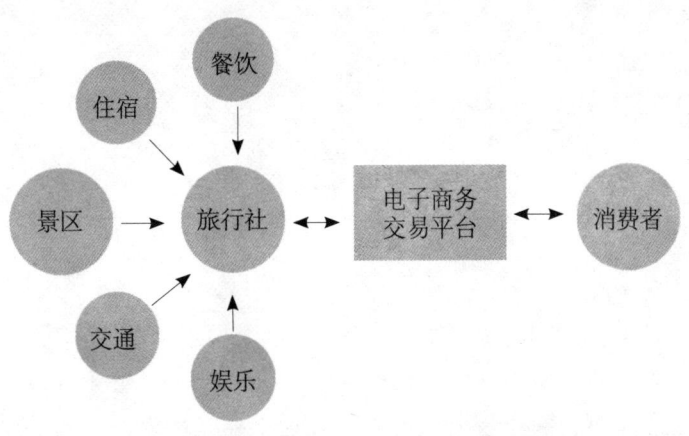

图28　旅游业的电子商务

总之,大数据时代的云端旅游联动营销,可以为客户提供更好的旅游创新产品。具体来说,一是可以为客户提供更多的定制化空间,比如营造定制化的酒店客房、定制化的团队旅游、定制化的休闲旅游等创新型旅游体验;二是可以增加旅游打包产品,为客户提供包括行、吃、住、游、购、娱等一站式的综合旅游服务。

第十章
大数据营销的未来

☑ 不懂大数据会被"OUT"
☑ 大数据让创业机会井喷
☑ 数据成为企业的核心资产
☑ 角逐大数据营销

不懂大数据会被"OUT"

在大数据时代,营销的大数据色彩越来越浓。我们以前接触过的多种营销,包括事件营销、电子邮件营销、社交化营销等,也都在依赖大数据技术,从而促进了原有营销方式的升级。在这种情况下,企业在营销中如果不懂大数据,可能面临着要出局。所以,企业要及时迎头赶上,不要与大数据失之交臂。

我们不妨以网络营销中的事件营销为例,看一下事件营销在遇上大数据后,需要进行哪些调整。事件营销是整合营销中一个不可或缺的环节,也是近年来国内外一种十分流行的公关传播与市场推广手段。

通常情况下,企业通过策划、组织和利用具有名人效应、新闻价值以及社会影响的人物或事件,引起媒体、社会团体和消费者的兴趣与关注,以求提高企业或产品的知名度、美誉度;同时也塑造情境,让目标受众体验、试用,以达到树立良好品牌形象、促成产品或服务交易的销售目的。可以说,事件营销基于其自身的诸多优势而受到人们的普遍关注。

随着互联网的兴起,信息传递的速度更快、更便捷,这给事件营销的发展带来了巨大契机。比如,通过网络,一个事件或者一个话题可以更方便地进行传播和引起关注,因而很多企业都在尝试进行事件营销。

如今,随着大数据技术的蓬勃兴起,那么,事件营销在遇见大数据时，我们该怎样做呢？实际上，事件营销的过程与人们生活中对某件事务形成观点甚至决策有相似之处。比如，人们在经历事物的过程中，会经过前期、中期、后期三个阶段，进而影响对人们的观点产生影响。

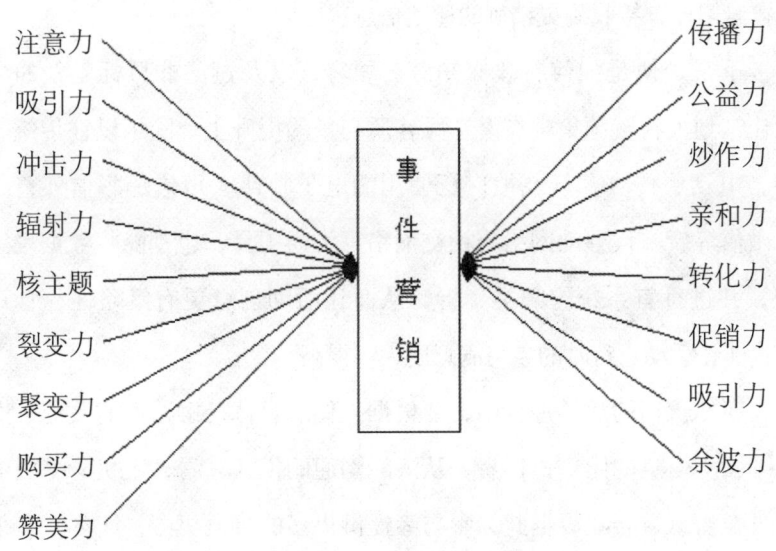

图29　事件营销的优势示意图

同样，事件营销也需要经过活动前、活动中、活动后三个阶段，甚至更长的周期来实现营销目标。一个成功的事件营销，不仅要重视事件发生当下，更要从前期以及活动后期两个阶段，来检视消费者心理的演变过程。

当前，企业在进行事件营销时，目标受众的媒体接触习性日趋多元化，消费行为的监测技术也日益成熟，当监测到的大数据与事件营销的创意碰撞时，大数据的理性因素与事件营销策划的感性因素融合，从而会产生一些更好的效果。

通常情况下，在事件营销的前期，企业会重在宣传与寻找参会者。因此，数量与质量，成为营销资源投入的重要指标。那么，企业要在当今网络使用普及的环境下，通过社群媒体监测，以及探索到受邀对象的产品使用偏好，从而适时精准投放广告信息，会让目标受众顺着平时的媒体接触习性，接收到更精确的邀请信息。

接下来，便是如何有效探知潜在顾客，以及过滤非目标受众的参与，让策划人将资源集中在潜在顾客质与量的提升上。除了以往传统的直邮、电话、传真，以及被广泛使用的电子邮件、短信、彩信外，微博、微信等新一代移动网络与社交网络等沟通工具，也都能将数据采集下来，并进行有系统的归类分析，从而让活动创意更有策略性、针对性，也能让活动进行时的参与满意度大幅提高。

在事件营销的活动进行中，要根据人们对媒体接触习性的改变，提高电子阅类信息的比例；再者，从人际沟通的模式来看，手机、平板电脑被日益倚重，企业要据此为参与者提供更多的接触机会，比如，多采用二维码、射频识别（RFID，Radio Frequency Identification），以及日益成熟的人脸辨识技术等，从而激发潜在顾客在事件营销中的积极参与，也便于企业获取参会者的行为数据。

在事件营销的后期，企业要注重分辨参与者是品牌喜好者、价格敏感者，还是能明确采购意向的立即下单者？还要观察一些关键信息是被如何有效地传播扩散的等。通过对这些数据的观察，我们可以对事件营销做出相应的调整。

通过上述事件营销的过程，让活动前期、中期、后期的数据贯穿，可以有系统地将目标受众的互动指针、行为指标、基本信息与采购意向指针，清楚地记录并做出评比分数，准确了解参与者的信息以及活跃度，从而找到潜在的目标客户，再汇入业务开发系统中，为销售团队提供找到销售切入点的机会。

当然，我们在进行事件营销时，要实现营销目标，就需要使得营销策略打动消费者。比如，我们从前期捕捉参与者的兴趣偏好，到活动中对参与者关心的事情入手，实现准互动，提高活动的完美体验，再到后期的管理维护，让参与者从陌生客户成为企业的忠实客户。在事件营销的整个过程中，我们对目标受众在整体事件营销过程中的数据采集、互动、分析，将成为决定营销成果的关键。

其实，除了上述事件营销的过程中越来越需要数据支持外，其他营销方式也都具备了大数据色彩。所以，在大数据时代，企业在营销时若要与时俱进、跟上时代潮流，就一定不能脱离大数据。我们接下来再看一个具体案例，看大数据在企业营销中的一种具体运用。

近年来，随着人们生活质量的不断提高以及对出行旅游需求的不断增加，航空公司获得了很大的市场商机。伴随这种商机的，各航空公司之间也面临着比较激烈的竞争。在这其中，春秋航空作为一家国内航空公司，积极利用当下的大数据技术，借助价格优势，进行宣传推广，从而赢得了较好的营销业绩。

在具体操作中，首先，春秋航空公司利用大数据技术为社会化广告投放提供方向和依据。比如，春秋航空公司通过大数据分析，精准锁定目标人群，从而进行定向推广，提高了营销效率。

其次，春秋航空公司把广告变成内容，让传播更加自然。在这方面，春秋航空公司制定了适合社会化传播的内容方向，包括99系列特价机票活动、感恩节专享机票秒杀活动、订阅粉丝享优惠方向与春运亲情套票方向，从而建立起与目标消费者沟通的桥梁。

图30 大数据下春秋航空公司的社交网络营销

最后，对于在社交网络中产生的大量数据，春秋航空公司将大数据技术捕捉到的精准画像与内容方向进行匹配。春秋航空公司制定不同的投放组合计划进行轮播展示，并测试出互动率最高的传播组合进行重点推广，从而确保每一分推广费用都能花在刀刃上，避免了推广成本的浪费。

总之，在大数据时代，企业开展的每项营销工作，都会或多或少，或直接或间接地与大数据有关。基于此，我们可以说，企业在营销中已经离不开大数据技术，为了使得营销工作更有效，企业需要积极主动地融入大数据。

第十章 大数据营销的未来

大数据让创业机会井喷

随着大数据走进人们的日常生活，企业的多向经营活动，包括营销，已经越来越离不开大数据。在这种情况下，很多专门经营大数据的公司应运而生。在当今互联网日益普及和完善的情况下，大数据也已经不再是个别大型IT企业的专属，很多中小企业也得以通过数据收集，建立专属于自己的大数据，从而使自己有了更加宏观的视野和思维，也便于这些中小企业更好地把握住市场机会。

我们知道，大数据由海量数据而来，这些数据可谓是中小企业的一次重要资产。这是因为，对于众多中小企业来说，缺乏信息将成为创业过程中的一个重大难题，一旦企业掌握了大数据，那么市场局面也会随之改变。

举例来说，刘强大学毕业后，面对严峻的就业形势，经过认真思考，决定选择创业。既然决定了创业，那么做什么好呢？刘强通过市场调查，发现随着近几年房地产的兴起，购房业主在新房装修后，不可避免地要购买家具；同时，刘强从小也喜欢木工活，对家具感兴趣。于是，刘强决定从做家具行业入手。

尽管对家具行业充满着喜爱，但以前毕竟没有接触过这个行业，因此，在刘强创业的初期，可谓两眼一抹黑，对各方面的市场信息也是很不了解。尽管如此，在实地走访了几个家具市场后，刘强发现，家具产品从最初的形成，到最后交付消费者，价格可以增加好几倍，所以，家具行业看来是有比较可观的利润的。

虽然从理论上分析，家具行业是个很有"钱"途的行业，但在实际经营中，整个家具行业，能够真正获得丰厚利润的却没几家。通过对一系列数据进行调查和分析，刘强终于找到了问题的症结所在，那就是家具产品的流转速度太慢。尽管这些家具一卖出去就能获得可观的利润，但在现实中，卖出去一件通常需要很长时间，从而使得家具的利润在很大程度上消耗在了租金上。刘强认为，要解决这个问题，就要让家具销售加速运转。

于是，刘强根据自己在大学里学习的互联网知识，利用百度等搜索引擎，通过对客户流的数据分析，确定了最受客户喜欢的家具产品类型和便于接受的价格。在此基础上，刘强又走访了很多家具市场，表示可以为家具企业提供营销方面的数据支持，并与企业制定了营销分成比例。在通过刘强的数据营销后，很多家具企业扭亏为盈，同时，刘强也获得了很好的经济回报，也使他在经营大数据方面积累了宝贵的经验。

对于很多中小企业来说，船小好掉头，不管原来经营到什么程度，也不管原来的起点如何，只要抓住了一个市场空白，就足以支撑起企业的发展。在当今大数据蓬勃发展的情况下，广大中小企业也从大数据中获得了更多的市场机会，同时，也使得人们有了更多的创业机会。

图31　大数据促进大众创业

的确，作为互联网技术发展到一定阶段的产物，大数据正在迅速席卷全球市场。同时，中小企业的经营模式，也在发生着深刻的变化。在大数据浪潮下，很多业务模式都在调整与改变，中小企业在这种变动的市场中切入，也给自己提供了通过创新实现占领市场的机会。再者，过去的创业者，由于对市场讯息了解不透彻，加剧了创业的风险和困难；而在大数据时代，中小企业有了大数据作为指引，在创业道路上有了更加明确的方向。

另外，大数据对于中小企业还有一个好处，那就是，在互联网世界里，所有企业，尤其是大企业越来越曝光在公众视野之下，对于中小企业来说，相对而言，受大众关注度尚且不够高，便于中小企业从一开始，就打造一个积极阳光的良好形象。同时，中小企业还可以借助IT巨头企业提供的大数据平台，积极运营好自己的产品与业务。

可以说，对于大数据的储存和运用，也为中小企业的发展带来契机。现在，一些专门提供大数据服务的大型IT企业，其大数据平台日益开放，那么，如何运用这些大数据平台，成为中小企业能否抓住未来市场的一个重要商机。

再者，中小企业的发展，也受到国家的大力支持。这是因为，在我国，中小企业数量众多，约有超过1300万家的中小企业，承担着全国一半的税收，吸纳了80%的人口就业。可见，中小企业的发展，对于我国经济和社会发展有着重要的作用。当前，中小企业要想获得好的发展，必须要有精准的营销与优质的服务。

在过去，中小企业一般是通过打广告来寻找市场，这种方法，既不够精准，还在一定程度上造成了广告成本的浪费。随着大数据时代的到来，营销日益精准化，包括发现客户需求与市场趋势，然后按需制造，为客户提供个性化服务，正在成为中小企业的一种重要的发展模式和方向。

基于此，每个中小企业都应通过大数据分析，找准市场需求，确定市场切入点，牢牢地把握属于自己的特定消费群体，做好小众市场，维持企业发展所必需的利润。另外，中小企业在经营方式上，也可以摒弃传统坐班式的工作方式，可以选择灵活多样的办公方式，比如，利用互联网普及的状况，可以选择居家办公，或者是通过手机办公等，真正体现不拘泥于工作方式、而以创造价值为核心的经营模式。

同时，中小企业还要充分利用自己规模不大、更易于接受最新事物的特点，主动拥抱大数据，从大数据中获悉更多的市场和发展机会。实际上，大数据给予了每一个企业获得数据资源进行发展的机会，对于中小企业而言，这无疑是宝贵的机会。通过大数据平台，中小企业在具备好的创意的情况下，也可以在某一个点上创造市场需求，从而以创新促发展。

最后，我们可以清晰地看到，大数据正在为人们，包括众多草根人士提供丰富多彩的创业机会。在大数据的帮助下，很多处于创业阶段的中小企业不必再受限于市场信息不对称的窘境，而是可以和那些大型企业一样，积极运用大数据资源，为自己更好地发展进行谋篇布局，并在激烈的市场竞争中接受洗礼，走向壮大。

数据成为企业的核心资产

随着大数据的重要性日益凸显，人们越来越意识到大数据的重要性。为此，不少业内人士提出"大数据为新财富，价值堪比石油"的论断。同时，一些大数据领域的专家，如《大数据时代》一书的作者维克托·舍恩伯格也认为，数据列入企业的资产负债表只是时间问题。

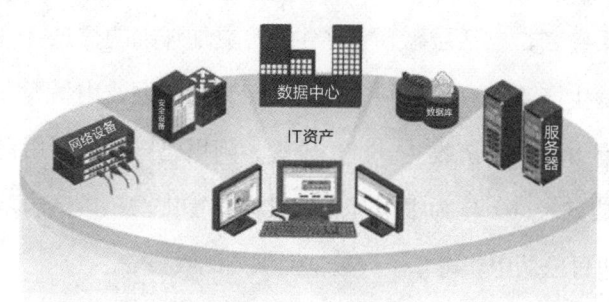

图32　数据成为企业的重要资产

诚然，在大数据时代，企业掌握的大量数据，通常是一座蕴含巨量财富的宝藏，一旦得以开发，随着大数据的多领域应用，也必然能够带来客观的经济效益。在此，我们要考量的是，在企业众多的数据中，

究竟哪些数据可以作为企业的资产,或者是所有数据都是企业的资产?或者是,什么样的数据能够成为资产、有资格成为资产?对此,我们不妨对资产的概念进行剖析。从资产的定义来看,"资产可以认为是企业拥有和控制的,能够用货币计量,并能够给企业带来经济利益的经济资源。"我们从中归纳出三点,即被企业拥有和控制;能够用货币来计量;能为企业带来经济利益。

我们根据资产的这三个特点,来观察企业数据中,哪些类型的数据可以作为企业的资产,以及核心资产。首先,被企业拥有和控制。我们从拥有和控制的角度来看,数据可以分为第一方数据、第二方数据和第三方数据。第一方数据主要来自于数据的生产者,百度或京东这样的公司在为个人客户提供搜索服务或销售商品的同时,采集和整理了大量的用户行为数据;借助于支付、配送等后续服务,电商网站还能收集到诸如用户真实姓名、电话号码、家庭住址等更加详细的信息。这些一手数据往往被其生产者拥有和控制,并借助于数据挖掘或出售等方式,不断给数据拥有者带来经济收益。举例来说,阿里巴巴可以利用自己掌握的个人购买档案信息,作为银行等金融机构批复贷款者申请的重要依据,阿里巴巴也可以从中获得基于大数据提供方的收益等。

第二方数据主要是随着互联网行业的高速发展,各行业巨头着力构建围绕核心业务的生态体系,专业分工愈发细致,因而出现一些专业的网络营销公司。这些营销公司通过为电商提供流量入口服务,间接地积累了大量网购用户的行为数据、广告投放数据和订单数据;为了给网购用户提供精准推荐,这些营销公司往往会整理与完善商品数据库和网购用户在电商网站内的行为数据。从拥有和控制角度来看,第二方数据的所有者的确拥有对数据的掌控权,但这部分数据受制于获取路径(为第

第十章 大数据营销的未来

一方服务获取），在使用、交换或交易的过程中会有一些限制，需要采取匿名化以及整体化等脱敏处理后，才能实现有效控制和使用。

相对于第一方、第二方数据，第三方数据的产权问题比较复杂。当前第三方数据主要是通过从第一方、第二方公司流出的内部数据，放在网上供人付费下载的方式获得，但并未通过交易授权渠道获得。从当前法律层面来看，这些数据只有在建立起有效的数据交换、交易机制后，第三方数据才能被真正地拥有和控制，也才可能转化为资产。一般来说，大数据中的数据来源，以第一方数据和第二份数据为主流。

其次，能够用货币计量。我们从数据的拥有和控制的角度来看，多数企业的数据都符合资产要素要求。但是，如何用货币对这些数据进行计量则是个复杂的问题。当前阶段，尽管很多企业都意识到数据作为资产的可能性，但除了极少数专门以数据交易为主营业务的公司外，大多数公司都没有为数据的货币计量做出适当的账务处理。对于数据资产的货币计量，可以参照无形资产的计量规则。无形资产准则根据无形资产取得方式的不同，对如何确定无形资产的入账价值作了规定。比如，外购的无形资产应按实际支付的价款作为入账价值；通过非货币性交易换入的无形资产，其入账价值应按非货币性交易准则的规定确定入账价值。与之相类似，对于通过交易手段获得的数据，应按照实际支付的价款作为入账价值计入无形资产。对于通过服务、交换等方式获取的数据，则可以根据数据的用途，参照内部开发项目资本化的方式，将与获取数据相关的费用支出予以资本化，而不是直接计入当期损益。

再次，能够为企业带来经济利益。一般来说，数据能为企业带来一定的经济利益，是数据价值的一大体现。当前，直接利用数据为企业带来经济利益的方法主要有数据租售、信息租售、数据使能三种模式。

数据租售,是通过对业务数据的收集、整理、过滤、校对、打包、发布等一系列流程,实现了数据自身的价值,为企业带来经济利益;信息租售,是指广泛收集相关数据、深度整合信息,以庞大的数据中心加上专用的数据终端,形成数据采集、信息萃取、价值传递的完整链条,从而实现数据价值;数据使能,是通过对大量数据进行有效的挖掘和分析,为公司开创新的盈利增长点。在大数据营销中,我们主要是通过"数据使能",来深度挖掘数据的价值。

通过上述分析可知,由于大数据是基于全体数据的分析,而非过去的样本数据,所以,企业中的所有数据都是大数据的一个组成部分,均具有一定的价值。同时,随着大数据时代的到来,如何正确地运用数据,从而赢得市场,是每一个企业都在潜心研究的课题。

比如,美国就已将大数据战略上升为国家的最高国策,并提出大数据是"未来的新石油",从而促使美国不遗余力地发展大数据技术。同样,从国家层面来看,我国也在大力发展大数据技术,努力促进大数据在各领域的应用,包括营销领域的应用。关于这一点,我们在前面已有专门论述,不再赘述。

另外,据相关数据显示,截至2013年底,全球已有超过四分之一的企业开始利用大数据全面指导企业的各项工作,并促进了企业更好地运行。同时,大数据所蕴含的巨大市场和潜在价值,也受到了多方广泛的认可。美国著名杂志《福布斯》就认为,任何企业都不应忽视大数据所能带来的巨大作用。对于企业来说,只有积极拥抱的大数据,用大数据支撑企业在各个环节的发展,才能确保企业持续爆发出应有的创新能力,为企业带来巨大的利润和市场。

最后,作为未来市场至关重要的战略资源,大数据的价值正在受到越来越多企业的关注，并成为越来越多企业的核心资产。企业数据量的大幅增长，以及数据的多样化，将会促进企业之间的竞争更加激烈。对于企业来说，如何适应快速变化的市场环境，从大数据中汲取有益于企业营销开展的信息，将成为企业应付未来市场竞争，并获得生存与发展的重要因素。

角逐大数据营销

在以客户为中心的今天，企业如何从繁杂的大数据中提炼最有价值的客户信息，从而开展精准、有效的营销活动，正在成为所有营销人员面临的挑战。的确，随着大数据的飞速发展，市场营销的职能重心也已经转变，从绚丽漂亮的宣传照到朗朗上口的宣传语，正转向获取、整合、分析数据，以赢得营销机会。

我们可以预见，在不久的将来，大数据营销将会成为企业营销中的一种常态化方式。那么，随着越来越多的企业进入大数据营销领域，大数据营销也必将成为企业营销角逐的一个重要舞台。如今，我们在提倡大数据营销，很多企业也在积极践行大数据营销，但究竟采用什么样的大数据营销才能更好地适合企业自身的需要，则是企业需要深度考量的一个重要问题。诚然，在大家都在努力做好某一件事的时候，我们要想从中脱颖而出，就离不开创意。

大数据是一种倾向于理性分析的技术，而根据营销实践的需要，如何使用大数据，则需要发挥企业营销人员的主观能动性。实际上，大数据营销基于其强大的数据收集、储存、分析能力，正在让营销工作越来越有创意。当前，营销人员只要有好的创意，几乎都可以在大数据的技术层面实现，这大大缩短了创意到实践的距离。

第十章 大数据营销的未来

我们现在所说的大数据营销,某种程度上也是互联网软硬件高度发达和企业创新营销模式需求的产物,大数据正式出现在媒体上、引起人们的普遍关注,也不过是近几年的事情。但实际上,人们对于大数据的运用,或者是大数据思维,已经在很早就开始了。大数据是一种技术、一种营销工具,要让大数据在营销中发挥出应有的作用,仍然需要辅以我们审慎的研究与努力。

举例来说,美国早在1936年总统大选时,当时美国的著名期刊《读者文摘》策划了一次营销活动,希望通过预测总统大选的胜败结果,从而进一步扩大自己的影响力。从某种程度来说,《读者文摘》是在进行一种旨在提升品牌影响力的事件营销。

当时,《读者文摘》以全国各地的电话簿为参考,发出了1000万份读者调查表,最终回收了200万份;《读者文摘》为此次营销活动也是付出了较大的成本。在那个年代,这个数据量已经接近天文数字。通过这场"大数据"调查,得出的结论是,共和党的兰登将以57%对43%的绝对优势战胜民主党的罗斯福。然而结果呢?罗斯福却以62%的支持率得以连任,《读者文摘》也由于这次预测上的惨败,在1937年被迫停刊,也意味着《读者文摘》这场营销活动的失败。

那么,《读者文摘》已经充分运用了"大数据"技术进行调查,为什么最后还是预测错了呢?原因很简单,1936年正值美国大萧条时期,那些装得起电话的都是有钱人,而偏偏是那些装不起电话的中低收入者和失业者,都是罗斯福坚强的后盾。可见,以电话簿为参考做调查,即使数据再大也是无用功,因为从一开始就走错了方向,没有确保调查中数据样本的完整性。

那么今天,我们说大数据正在终结过去靠样本采集进行市场预测的时代,我们现在正更多地基于用户的行为数据、全部数据作为预测基础。即便如此,我们在采用大数据进行市场预测时,仍少不了对市场进行分析,充分地认识市场的差异性,并整理出我们希望要的营销效果,在此基础上,积极运用大数据分析技术,才能帮助我们避免美国《读者文摘》在预测中的惨败。

市场竞争是残酷的,企业的每一次疏忽,都可能在某个关键时刻,成为造成企业倒下的关键一击。对于企业营销来说,同样如此。营销中,"差之毫厘,谬以千里",我们对市场认知的偏差,将导致我们营销中的挫折。比如,我们追踪一位女性顾客的消费行为,不仅仅是追踪其购买服饰的价格、品牌喜好,更应该与海量的周边信息进行关联,例如她的下单时间、浏览时间,甚至她喜欢的零食、书籍等发生了什么变化,从中预测顾客的购买喜好,以确保为顾客推送所需要的、有针对性的商品信息。

另外,大数据营销本身基于两个视野开展:一个是宏观视野,即通过庞大的数据量,帮助我们认清市场趋势和方向,从茫茫人海中瞄准目标人群;另一个是微观视野,即在大数据的营销体系中,每个顾客的信息,会最大限度地被收集、整理与分析,当然,这一切都在一个大数据营销系统中进行,然后,该大数据营销系统会针对这个具体顾客的购买需求,展开有针对性的营销。举例来说,我们在自己的电脑上,通过搜索引擎(如百度等)搜索某些想要购买的商品,或者登录天猫、亚马逊、京东等电商网站去搜索一些商品信息,那么在之后的日子里,我们只要在这台电脑上再次登录,就会在浏览器中看到自己搜索的商品广告信息,这便是大数据营销的一种方式。

或者,我们在手机上安装了一款诸如赶集、58等类似的APP软件,我

第十章 大数据营销的未来

们在赶集或58上搜索某些商品信息，那么在以后，只要这些APP软件里出现了能够匹配我们曾经搜索过的商品信息，这些APP软件就会在手机的通知栏里向我们推送相关的广告信息，这实际上也是一种大数据营销的具体使用方式。

当前，随着越来越多的企业加入大数据营销的行列。对于大型企业来说，可能在积极部署大数据分析系统，对于中小企业来说，则可以力所能及地将大数据技术运用于营销实践中，以提升营销竞争力。可以说，大数据营销将成为企业竞争的一个重要领域，如果不懂大数据营销，或者在大数据营销时代迁延滞后，等待企业的，可能就是被超越，或者重演"大鱼吃小鱼，快鱼吃慢鱼"，从而推动一场新的市场竞争格局的变革。

可以预见，越来越多的企业会使用大数据营销开展营销工作，并使企业的营销能力上升到一个新的水准。总的来说，大数据、大营销，已经成为一个不可逆转的趋势，大数据营销正在成为每个企业不得不考虑的营销模式。同时，我们也要深刻地认识到，大数据营销并不意味着企业把营销工作全盘交给某个大数据营销系统去做，仍然需要作为人的因素的市场洞察、定位思考、策略创新，从而将先进的互联网技术、大数据技术融入自己的营销工作中，杜绝营销中的片面、停滞、僵化或单纯跟风式的盲目求新，只有这样，我们才能在营销中牢牢地捍卫与扩大自己的市场阵地，立于营销的不败之地。

后 记

随着大数据营销的兴起，以及周边很多朋友希望丰富和充实自己在大数据营销方面的知识，我也越来越感到有必要整理下大数据营销的发展脉络，以给朋友们、更大范围的读者朋友们提供一本大数据营销方面的作品。

在密切跟踪、记录与研究大数据营销近几年的发展历程中，根据大数据的自身特点，以及读者在阅读上基于通俗易懂的需要，在经过一年左右的准备与努力后，这本书终于要与各位读者朋友见面了。

时下，中国梦是无数国人为之奋斗的方向和追求。我想，如果通过此书能够帮助更多热爱学习的朋友，则是完成了我的一个梦想。所以，真诚地希望本书能够对您有所裨益，能够有助于您的进步，谢谢！